Priorisierung bei Gesundheitsleistungen

Schriften zu Gesundheitsökonomie | Gesundheitsmanagement

HERAUSGEGEBEN VON

PROF. DR. MANFRED ERBSLAND UND
PROF. DR. EVELINE HÄUSLER

Mit freundlicher
Unterstützung der
Sparkasse Vorderpfalz

Mit freundlicher
Unterstützung des
Förderverein Gesundheits-
ökonomie an der Fach-
hochschule Ludwigshafen
am Rhein e.V.

Eveline Häusler (Hrsg.)

Priorisierung bei Gesundheitsleistungen

Verlag Wissenschaft & Praxis

Bibliografische Information der Deutschen Nationalbibliothek

Die Deutsche Nationalbibliothek verzeichnet diese Publikation in der Deutschen Nationalbibliografie; detaillierte bibliografische Daten sind im Internet über http://dnb.d-nb.de abrufbar.

ISBN 978-3-89673-604-8

© Verlag Wissenschaft & Praxis
Dr. Brauner GmbH 2011
D-75447 Sternenfels, Nußbaumweg 6
Tel. +49 7045 930093 Fax +49 7045 930094
verlagwp@t-online.de www.verlagwp.de
Druck und Bindung: Esser Druck GmbH, Bretten

Alle Rechte vorbehalten

Das Werk einschließlich aller seiner Teile ist urheberrechtlich geschützt. Jede Verwertung außerhalb der engen Grenzen des Urheberrechtsgesetzes ist ohne Zustimmung des Verlages unzulässig und strafbar. Das gilt insbesondere für Vervielfältigungen, Übersetzungen, Mikroverfilmungen und die Einspeicherung und Verarbeitung in elektronischen Systemen.

Vorwort

„Gerechtigkeitsrelevante Verteilungsfragen unter Knappheitsbedingungen" sind, so der Deutsche Ethikrat in seiner Stellungnahme zu Nutzen und Kosten im Gesundheitswesen, eine unbequeme Thematik.[1] Dennoch empfiehlt er die offene Diskussion. Dies sei allemal besser als „... verdeckte und damit instransparente Leistungsbegrenzungen auf unterschiedlichen Ebenen des Gesundheitswesens zu akzeptieren."[2] Mit dieser unbequemen Thematik befassten sich die achten Gesundheitsökonomischen Gespräche 2010, die an der Fachhochschule Ludwigshafen a. Rh. zum Thema „Priorisierung bei Gesundheitsleistungen" stattfanden. Dieser Band dokumentiert die auf der Tagung gehaltenen Vorträge.

Der Beitrag von *Christoph Fuchs* legt die Sicht der Ärzteschaft dar und zeigt das Spannungsfeld, in dem sich Leistungserbringer bewegen, wenn die Gesundheitspolitik einerseits Einsparungen anordnet, andererseits aber keine ausdrückliche Rangfolge der zu bedienenden Indikationen, Patientengruppen oder Verfahren bildet. Dieses Spannungsverhältnis bedroht das vertrauensvolle Arzt-Patienten-Verhältnis und hat dazu geführt, dass die verfasste Ärzteschaft mit Nachdruck die Forderung nach einem öffentlichen Diskurs erhebt. Fuchs stellt die Empfehlungen der Zentralen Ethikkommission bei der Bundesärztekammer (ZEKO) zur Umsetzung der Priorisierung vor. Er erläutert formale und inhaltliche Priorisierungskriterien und macht, in Form eines unabhängigen, interdisziplinär besetzten Gesundheitsrates, einen Vorschlag zur Organisation. *Manfred Erbsland* schließt die ökonomische Perspektive an, die sich mit der effizienten Allokation knapper Ressourcen auf verschiedene Verwendungsmöglichkeiten im Gesundheitsbereich befasst. Er setzt sich mit der Notwendigkeit von Rationierung aus wohlfahrtstheoretischer Sicht auseinander und führt

---

[1] Deutscher Ethikrat (Hrsg.), Nutzen und Kosten im Gesundheitswesen – Zur normativen Funktion ihrer Bewertung, Stellungnahme, Berlin 2011, S. 9. (http://www.ethikrat.org/dateien/pdf/stellungnahme-nutzen-und-kosten-im-gesundheitswesen.pdf, letzter Abruf 01.07.2011)

[2] Ebd., S. 9 f.

in die gesundheitsökonomischen Evaluationsverfahren ein, mit denen Kosten und Nutzen medizinisch-pflegerischer Interventionen vergleichbar gemacht werden. Damit beschreibt er die methodische Grundlage des zur Rangfolgenbildung häufig vorgeschlagenen Kriteriums der Kosten-Effektivität. Mit dem im Vereinigten Königreich eingesetzten QALY-Ansatz (quality adjusted life years) und der Priorisierungsliste der Oregon Health Authority geht Erbsland auf zwei konkrete Anwendungsbeispiele ein. Am letztgenannten Beispiel macht er auch deutlich, wo die Grenze des Beitrags der Gesundheitsökonomie zur Debatte um Priorisierung, und letztlich Rationierung, liegt: Sie vermag das Instrumentarium zur Ermittlung von Kosten-Effektivität bereitzustellen, kann aber die gesamtgesellschaftliche Diskussion ebenso wie die gesundheitspolitische Entscheidung nicht ersetzen. An die internationale Perspektive knüpft *Günter Danner* an und leitet aus dem Vergleich mit anderen Ländern die, seiner Meinung nach, im öffentlichen Diskurs häufig übersehenen Stärken des deutschen Gesundheitssystems ab; z. B. das breite sozialversicherungsrechtlich abgesicherte Leistungsspektrum, die Abdeckung nahezu der ganzen Bevölkerung und den hohen Freiheitsgrad sozialversicherter „Systempatienten" bei der Auswahl von Leistungserbringern. Einen Grund für die konstatierte gute Leistungsfähigkeit des deutschen Gesundheitssystems sieht er in der Begrenzung staatlicher Zuständigkeit durch das Institut der Selbstverwaltung. Um diese „verteidigungswürdige soziale Versorgungswelt" vor zunehmendem EU-Einfluss und wahltaktisch motivierten Entscheidungen zu bewahren, mahnt er eine Feinabstimmung notwendiger Priorisierungs- und Rationierungsverfahren mit dem gegebenen ordnungspolitischen Rahmen an. Er plädiert für eine Zuweisung entsprechender Aufgaben an die Selbstverwaltungsorganisationen. *Christian Katzenmeier* zeichnet zum einen den weiten Rahmen nach, den das Verfassungsrecht hinsichtlich einer Priorisierung von Gesundheitsleistungen vorgibt. Das Grundgesetz stehe einer Rangfolgenbildung und Rationierung nicht grundsätzlich entgegen, enthalte aber auch keine konkreten Anweisungen zur Allokation medizinischer Leistungen. Die Verfassungsmäßigkeit bestimmter Priorisierungskriterien sei im Einzelfall zu prüfen, setze jedoch grundsätzlich eine ausreichende demokratische Legitimation des Entscheidungsgremiums voraus. Dies könnte die Aufgabenzuweisung zu dem seitens der Ärzteschaft in die Diskussion eingeführten Gesundheitsrat limitieren. Zum anderen weist Katzenmeier auf die Auswirkungen von Priorisierung und Rationierung auf das einfache Recht hin. Dabei arbeitet er insbesondere das Spannungsverhältnis zwischen Haftpflicht- und Sozialversicherungsrecht heraus. Den abschließenden Beitrag über ethische Perspektiven der Priorisierung leitet *Hans-Ulrich Dallmann* mit dem Hinweis ein, dass Ethik nicht vorgeben könne, „wie es richtig" sei. Vielmehr sei es Aufgabe der Angewandten Ethik die Orientierungen, die den Entscheidungen, Handlungen und Normierungen im Zusammenhang mit der Priorisierung von Gesundheitsleistungen explizit oder implizit zugrundeliegen, aufzudecken und kritisch zu reflektieren. Diese Aufgabenzuschreibung umsetzend, analysiert er vier aktuell diskutierte Priorisierungsvorschläge: die Empfehlungen der ZEKO, das bei gesundheitsökonomischen Evaluationen eingesetzte Nutzenmaß der QALYs sowie die von Krankheitsbildern und Behandlungsformen unabhängigen Konzepte der Eigenverantwortung und der Altersgrenze. Bei jedem Ansatz zeigen sich „Risiken und Nebenwirkungen". Dallmann entzieht damit Hoffnungen den Boden, durch eine „große Lösung" lasse sich der Umgang mit dem Knappheitsproblem im Gesundheitswesen ein für allemal befriedigend regeln. Es bleibt, so sein Fazit, nur die Möglichkeit behutsamer, kleiner Schritte (will heißen: einer Vielzahl von wiederholt einzuleitenden Einzelmaßnahmen), die jeweils im politischen Prozess zu diskutieren und abzuwägen sind. Ethik könne dazu beitragen, diese Auseinandersetzungen rational und ohne gegenseitige Diffamierung zu führen – ein Beitrag von, wie die Herausgeberin meint, nicht zu unterschätzendem Wert.

Dank gebührt zuallererst den Referenten, die bereit waren, ihren Vortrag zu verschriftlichen und zum Abdruck bereitzustellen. Herrn Dipl.-Gesundheitsökonom (FH) Kai-Uwe Saum gilt der Dank für die Unterstützung bei der Erstellung der druckreifen Fassung. Tagung und Tagungsband wurden bezuschusst durch den Förderverein Gesundheitsökonomie an der Fachhochschule Ludwigshafen am Rhein e.V. Der Tagungsband wurde zudem gefördert durch die Sparkasse Vorderpfalz.

Ludwigshafen, im Juli 2011

Eveline Häusler

Inhalt

Christoph Fuchs
Zum Umgang mit Mittelknappheit im
Gesundheitswesen: Diskussionsbedarf und
Vorschläge der Ärzteschaft 11

Manfred Erbsland
Priorisierung und Rationierung im
Gesundheitswesen aus ökonomischer Sicht 33

Günter Danner
Priorisierung von Gesundheitsleistungen
aus internationaler Sicht:
Chancen, Risiken und Zuständigkeitsfragen 85

Christian Katzenmeier
Der rechtliche Rahmen für eine Priorisierung
von Gesundheitsleistungen 109

Hans-Ulrich Dallmann
Priorisierung im Gesundheitswesen
– eine ethische Perspektive 137

Autoren/Herausgeber 177

Christoph Fuchs*

Zum Umgang mit Mittelknappheit im Gesundheitswesen: Diskussionsbedarf und Vorschläge der Ärzteschaft**

1. Einleitung
2. Zum Umgang mit Mittelknappheit
3. Vorschläge der Ärzteschaft zur Prioritätensetzung im Gesundheitswesen
4. Fazit
5. Literatur

---

* Prof. Dr. med. Christoph Fuchs ist Hauptgeschäftsführer der Bundesärztekammer, Berlin.
** In Anlehnung an Fuchs, 2010.

1. Einleitung

Die Begrenztheit von Ressourcen ist allen Lebensbereichen immanent und der Umgang mit diesen Grenzen gehört zu den Herausforderungen des Alltags. So müssen wir jeden Tag neu entscheiden, wie wir mit der begrenzten Ressource Zeit umgehen. Dabei setzen wir häufig Prioritäten, um unseren alltäglichen Herausforderungen gewachsen zu sein. Je transparenter wir dies tun, umso weniger ist unser Umfeld überrascht über Entscheidungen und Handlungen, die wir täglich durchführen.

In Analogie dazu wird deutlich, dass auch für die Gesundheitsversorgung einer Gesellschaft Ressourcen nur begrenzt zur Verfügung stehen. Dabei geht es nicht allein um Finanzierungsfragen. Auch andere Ressourcen sind oder werden in Zukunft spürbar knapp. Beispiele hierfür sind:

- die Zuwendung für alte und chronisch Kranke,
- Zeit, um unheilbar Kranke und Sterbende zu begleiten,
- Organe zur Transplantation,
- Ärztemangel und Mangel bei nahezu allen Gesundheitsberufen, insbesondere der Pflege,
- strukturelle Engpässe wie die Versorgungsdichte von Rettungsdiensten oder
- die Anzahl von Beatmungsplätzen in der Akutmedizin,
- Palliativversorgung,
- die Einführung von Innovationen.

Ein Großteil dieser Güter ist nicht nur notwendig, sie sind durch ihre natürliche Knappheit käuflich nicht erwerbbar.

Die Mittelknappheit im Gesundheitswesen wird sich, insbesondere durch den technischen Fortschritt in der Medizin und den demografischen Wandel, weiter verschärfen. Die Notwendigkeit, einen neuen Umgang mit Mittelknappheit im Gesundheitswesen zu finden, zeigt sich besonders deutlich bei den sich abzeichnenden demografischen Herausforderungen.

So ist bereits seit langem klar, dass aufgrund des Geburtenrückgangs und der steigenden Lebenserwartung der Anteil der Altersgruppe der über 65-Jährigen zunimmt, so dass voraussichtlich im Jahr 2050 nur noch ca. ein Erwerbstätiger auf einen nicht mehr Erwerbstätigen kommt. Zurzeit ist das Verhältnis noch drei zu eins. Gleichzeitig steigt die Lebenserwartung: Während vor über 100 Jahren ein neugeborener Junge noch durchschnittlich 40 und ein Mädchen 44 Jahre lebte, liegt die Lebenserwartung heute bereits zwischen 81,7 und 84,9 Jahren bei Jungen und zwischen 87,8 und 90,4 Jahren bei Mädchen. Es wird davon ausgegangen, dass sie noch weiter ansteigt (Beske [2010], S. 16).

Aufgrund dieser Verschiebungen in der Bevölkerungsstruktur in Deutschland und nicht zuletzt bedingt durch den medizinisch-technischen Fortschritt wird es zu Morbiditätsverschiebungen in Zukunft kommen. Altersbedingte Krankheiten werden zunehmen. So wird davon ausgegangen, dass (Beske [2010], S. 17):

- die Zahl der jährlichen Neuerkrankungen an Herzinfarkt von 313.000 auf 548.000 steigt, ein Plus von 75 %,
- Schlaganfälle von jährlich 186.000 auf 301.000 steigen, ein Plus von 62 %,
- die Zahl der jährlichen Neuerkrankungen an allen Krebsformen von 461.000 auf 588.000 steigt, ein Plus von 27 %,
- die Zahl der Demenzpatienten von 1,1 auf 2,2 Millionen steigt, ein Plus von 100 %.

Die Dimension der altersbedingten Steigerungen der Ausgaben der GKV lässt sich auch an altersabhängigen Kosten aufzeigen: Jährlich werden im Durchschnitt für 10-Jährige 847, für 40-Jährige 1.225 und für 90-Jährige 4.895 Euro ausgegeben (Beske [2010], S. 7).

Trotz des Ausschöpfens von Rationalisierungsreserven im Gesundheitswesen werden bei gleichbleibenden finanziellen Mitteln die medizinischen Leistungen zukünftig nicht allen Patienten im bisher gewohnten Maße zur Verfügung stehen können. Hiervon ist insbesondere der medizinische Fortschritt betroffen, der immer schwerer in Klinik und Praxis aufgrund der fehlenden Mittel zum Tragen kommt.

Die seit den 1990er Jahren bestehenden Budgets und Fallpauschalen erhöhen den Kostendruck zusätzlich. Dieser Kostendruck engt den Entscheidungsspielraum für Ärztinnen und Ärzte zunehmend ein (Institut für Demoskopie Allensbach [2010], S. 12). So gehören heimliche Rationierungen von Leistungen bei vielen Ärzten zur Tagesordnung (Strech et al. [2008], S. 104 f). Dies führt zwangsläufig zu einer Belastung des Patienten-Arzt-Verhältnisses. Ärztinnen und Ärzte können unter diesen Bedingungen den Versorgungsanspruch nicht weiter decken. Die sich zuspitzende Situation hat auch Auswirkungen auf die Arbeitszufriedenheit innerhalb der Ärzteschaft (Strech et al. [2009], S. 1263).

Aus politischer Sicht mag die derzeit praktizierte verdeckte Begrenzung von Leistungen effektiv und einfach in der Umsetzung sein, sie muss aber aus ethischen Gründen hinterfragt werden. Sie widerspricht Gerechtigkeitsaspekten, da keine transparenten Verteilungskriterien vorliegen und so eine Ungleichverteilung nicht ausgeschlossen werden kann.

Die Politik kann aber nicht der Einschätzung der Bevölkerung ausweichen, die in Zukunft eine zunehmende Leistungseinschränkung befürchtet (vgl. u.a. Stumpf & Raspe [2011], S. 316; Institut für Demoskopie Allensbach [2010], S. 14). Die Schere zwischen dem, was medizinisch sinnvoll und notwendig ist, und dem, was an Versorgung noch stattfinden kann, klafft immer weiter auseinander.

Bis Anfang der 1990er Jahre wurde der Begriff „Wirtschaftlichkeit" definiert nach dem Minimalprinzip. Minimalprinzip bedeutete, dass ein bestimmtes Gesundheits- und Versorgungsziel mit möglichst minimalem Mitteleinsatz, d.h. möglichst effizient, erzielt werden soll. Durch die Einführung von Budgets mutiert das Verständnis von „Wirtschaftlichkeit" im Sinne eines Maximalprinzips. Maximalprinzip bedeutet, dass zunächst geprüft wird, in welcher Höhe die Mittel zur Patientenversorgung zur Verfügung stehen, um davon abhängig das maximale Gesundheits- bzw. Versorgungsziel zu definieren. Dieser Paradigmenwandel wendet sich demnach ab von der Mittelverteilung nach Bedarf. Es geht nunmehr um Mittelzuteilung nach Verfügbarkeit. Damit ist ein genuin ethisches Problem angesprochen, nämlich das der Verteilungsgerechtigkeit im Gesundheitswesen.

Das hat auch der Deutsche Ethikrat in seiner Stellungnahme vom 27. Januar 2011 betont und insbesondere als Instrument zur Effizienzsteigerung die Kosten-Nutzen-Analyse problematisiert (Deutscher Ethikrat [2011], S. 59 f.). Dieses Instrument dient dem Gemeinsamen Bundesausschuss zur Bestimmung des Umfangs des GKV-Leistungskatalogs. Der Rat hält es für problematisch, die Entscheidung über die gesundheitliche Versorgung von über 90 % der Bevölkerung allein auf Basis von wirtschaftswissenschaftlichen Instrumenten durchzuführen. Diese Art von Entscheidungen haben nach Meinung des Ethikrates auch rechtliche und ethische Implikationen, „insbesondere weil damit auch die Beschränkung medizinisch notwendiger Leistungen einhergehen kann". Aus Sicht der Ratsmitglieder wirft daher ihre Umsetzung „... weitreichende Fragen der Gerechtigkeit auf, die es zu bedenken gilt" (Deutscher Ethikrat [2011], S. 5).

Festzuhalten ist also, dass Kosteneffizienz wohl kein ethisch neutraler Maßstab ist, wenn man entscheiden muss, ob und in welchem Umfang die gesetzliche Krankenversicherung eine Behandlung bezahlen muss.

Es stellt sich daher unweigerlich die Frage – und dies nicht nur aus ökonomischen Gründen, nach welchen Kriterien die Zuteilung von Gesundheitsleistungen möglichst gerecht erfolgen kann. Gerade bei der Gesundheitsversorgung hat die Bevölkerung einen hohen Informationsbedarf. Transparenz ist absolut unerlässlich, damit die Bevölkerung in diesem Bereich der elementaren Versorgung von Grundbedürfnissen Entscheidungen nachvollziehen kann.

Die Ärzteschaft weist schon seit Jahren in aller Deutlichkeit auf die Diskrepanz zwischen Mittelknappheit und steigender Leistungsinanspruchnahme im Gesundheitswesen hin (Beske et al. [1997a], S. 2400 ff.; Beske et al. [1997b], S. 2554 ff.; Kern et al. [1999], S. 113 ff.). Die Zentrale Ethikkommission bei der Bundesärztekammer (ZEKO) hat im Jahr 2000 eine Stellungnahme zur Priorisierung medizinischer Leistungen im System der gesetzlichen Krankenversicherung veröffentlicht (ZEKO [2000], S. 1017 ff.), die im Jahr 2007 weiterentwickelt wurde (ZEKO [2007], S. 2750 ff.). Lösungsansätze werden auch im sogenannten Ulmer Papier aufgezeigt, das der 111. Deutsche Ärztetag 2008 verabschiedet hat (Bundesärztekammer [2008], S. 30).

2. Zum Umgang mit Mittelknappheit

Der Umgang mit Mittelknappheit im Gesundheitswesen kann unterschiedlich ausgestaltet werden. Wie Marckmann bildhaft beschreibt, steht das Gesundheitswesen zwischen Skylla und Charybdis – zwischen zwei gleichermaßen unangenehmen Alternativen (Marckmann [2008], S. 890): Dem Problem kann nur durch Mittelerhöhung oder durch die Leistungseinschränkung begegnet werden, wenn die Rationalisierungsreserven ausgeschöpft sind. Im Folgenden werden mögliche Optionen zum Umgang mit Mittelknappheit beleuchtet.

2.1 Rationalisierung

Rationalisierung ist der Lösungsansatz, der in der Regel als erstes im Zusammenhang mit Mittelknappheit im Gesundheitswesen genannt wird. Es geht dabei um das Ausschöpfen von Effizienz- und Produktivitätsreserven in der Gesundheitsversorgung. Sowohl diagnostische und therapeutische Maßnahmen als auch organisatorische und verwaltungstechnische Abläufe sind im Fokus der Analyse, mit dem Ziel, Prozesse und Maßnahmen zu identifizieren, die unwirksam oder weniger wirksam als kostengleiche beziehungsweise gleich wirksam als günstigere Alternativen sind. Letztlich geht es bei Rationalisierung darum, dass bei gleichbleibender Finanzierung das Versorgungsniveau erhöht beziehungsweise mit geringerem finanziellem Aufwand die gleiche Versorgung ermöglicht wird. Einsparungen sind somit möglich, ohne dass nützliche und notwendige Leistungen zur Gesundheitsversorgung vorenthalten werden müssen (Fuchs et al. [2009], S. 554).

Ein „Versorgungsmaximalismus" von diagnostischen, therapeutischen und präventiven Maßnahmen ist nicht vertretbar, weder ökonomisch noch ethisch. Die Möglichkeiten der Rationalisierung sind daher uneingeschränkt zu bejahen. Effizienzsteigerungen müssen im Fokus der Bemühungen aller Verantwortungsträger im Gesundheitswesen liegen.

Auch wenn es immer Effizienzsteigerungen im Gesundheitswesen geben wird, so wird die Schwierigkeit darin bestehen, dass sich Wirtschaftlichkeitsreserven nicht insgesamt und auch nicht kurzfristig ausschöpfen lassen (Marckmann [2008], S. 890). Rationalisierungen sind häufig methodisch aufwendig und bedürfen struktureller Veränderungen. Auch führen Rationalisierungsmaßnahmen häufig zu zeitlich sehr versetzten und nur einmaligen Einsparungen. Eine Effizienzsteigerung verspricht auch nicht unbedingt immer positive Auswirkungen auf den Mittelverbrauch.

Auch der Sachverständigenrat zur Kostendämpfung im Gesundheitswesen gibt zu bedenken, dass selbst wenn es gelänge alle Rationalisierungsreserven zu erschließen, es nicht reichen würde, um den zukünftigen Problemen der Mittelknappheit zu entgehen (Sachverständigenrat für die konzertierte Aktion im Gesundheitswesen [2003], S. 40). Es muss daher davon ausgegangen werden, dass trotz aller Bemühungen, die Gesundheitsversorgung effizienter zu gestalten, darüber hinausgehende Konsequenzen nicht zu vermeiden sind.

2.2 Erhöhung der Mittel

Das Versorgungsniveau in der gesetzlichen Krankenversicherung entspricht seit Jahren nur ungefähr sechs Prozent des Bruttoinlandsprodukts. In anderen Industriestaaten liegt dieser Anteil bei neun bis über zehn Prozent. Aus Sicht der Ärzteschaft besteht daher zu Recht die Forderung, dass die Mittel angesichts des medizinischen Fortschritts und der demografischen Herausforderungen erhöht werden müssen.

Auch der Deutsche Ethikrat hat sich in seiner Stellungnahme dahingehend geäußert, dass eine Erhöhung der Mittel der Solidargemeinschaft nicht von vornherein ausgeschlossen werden dürfe (Deutscher Ethikrat [2011], S.10). Gleichzeitig weist er darauf hin, dass hierin nur eine vorübergehend wirksame Lösung besteht, die vielleicht den Zeitpunkt hinausschieben wird, zu dem die „schmerzhaften" Verteilungsentscheidungen erfolgen müssen.

Denn letztlich darf nicht außer Acht gelassen werden, dass die Forderung nach einer besseren finanziellen Ausstattung des Gesundheitswesens mit anderen sozialstaatlichen Aufgaben wie z.B. Bildung konkurriert, die mittelbar auch Einfluss auf den Gesundheitsstatus der Bevölkerung haben können. Auch ist eine finanzielle Belastung der Versicherten durch Erhöhung der Lohnnebenkosten nicht unbegrenzt möglich.

2.3 Rationierung

Der Begriff „Rationierung" wird als bewusstes Vorenthalten von nützlichen oder notwendigen medizinischen Maßnamen verstanden (Fuchs et al. [2009], S. 555). Häufig werden in der Diskussion verschiedene Formen von Rationierung differenziert (Abb. 1).

Harte Rationierung	Ressourcen sind nicht ausdehnbar (wie Anzahl an Spenderorganen); Zukauf nicht möglich
Weiche Rationierung	Ressourcenausweitungen durch Zukauf sind möglich
Heimliche Rationierung	ohne Transparenz; barmherzige Lüge
Offene Rationierung	transparent und nachvollziehbar
Direkte Rationierung	Individuen oder Gruppen werden a priori anhand bestimmter Kriterien ausgeschlossen (beispielsweise Lebertransplantation bei Alkoholikern)
Indirekte Rationierung	Ressourcenbegrenzung auf der Makroebene (beispielsweise Budgets)
Explizite Rationierung	Vorenthalten von Leistungen für bestimmte Patienten-Gruppen (zum Beispiel ab einem bestimmten Alter)
Implizite Rationierung	Umgang mit unabänderlichen Versorgungsengpässen auf der Mikroebene, die strukturell vorgegeben sind und die es im Versorgungsalltag zu überwinden gilt (beispielsweise Zeit und Ruhe, um Sterbende zu begleiten; Begrenzung der Zahl von Rettungshubschraubern)

Abb. 1: Formen der Rationierung.
Quelle: Fuchs [1998], S. 44 ff.; Fozouni & Güntert [2000], S. 561

Bei den verschiedenen Formen der Rationierung ist insbesondere die heimliche Rationierung von besonderer gesellschaftlicher Tragweite. Im Gegensatz zur offenen Rationierung, die transparent und nach Möglichkeit auch gesellschaftlich konsentiert stattfinden muss, führt heimliche Rationierung zu Intransparenz und letztlich zur barmherzigen Lüge, wenn z. B. Leistungen vorenthalten werden mit der Begründung gegenüber dem Patienten und seinen Angehörigen, dass diese Leistungen mit lebensgefährlichen Komplikationen oder zusätzlichem Leid verbunden sind.

Auch der Deutsche Ethikrat stellt fest, dass „jede Form einer versteckten Rationierung medizinischer Leistungen abzulehnen ist." „Die Ärzte dürfen nicht zu den ‚alleingelassenen' Leistungsbegrenzern am Krankenbett werden." (Deutscher Ethikrat [2011], S. 18).

Daher ist es nachvollziehbar, warum heimliche Rationierung infolge von Budgets und unter dem Deckmantel des Qualitätsmanagements politisch bevorzugt wird: Sie ist politisch leichter umsetzbar. Es ist kein langwieriger Einigungsprozess notwendig, wie bei der Bestimmung von Kriterien zur Prioritätensetzung und der aufwendigen Erarbeitung von Versorgungsstandards (Marckmann [2008], S. 892). Mittel- und langfristig können die Nachteile der Intransparenz durch die Absenkung der Gesundheitsversorgung, den Qualitätsverlust und die implizite Ungleichverteilung ethisch jedoch nicht hingenommen werden.

2.4 Prioritäten setzen

Wenn Rationalisierungsansätze nicht reichen, Mittelerhöhung nur sehr begrenzt möglich ist und heimliche Rationierung nicht vertretbar ist, stellt sich die Frage, wie zukünftig aus ethischer wie rechtlicher Sicht die begrenzten Ressourcen für die Gesundheitsversorgung verteilt werden sollten.

Die Ärzteschaft schlägt vor, Gesundheitsleistungen zu priorisieren. Hierunter wird die ausdrückliche Feststellung einer Vorrangigkeit bestimmter Indikationen, Patientengruppen oder Verfahren in Form von mehrstufigen Rangreihen verstanden (ZEKO [2000], S. 1017). Ziel ist es, die begrenzten Mittel, Kapazitäten aber auch begrenzte Zeit sinnvoll einzusetzen. Rangreihe bedeutet ausdrücklich nicht das Vorenthalten von Leistungen, sondern eine Abstufung der Leistungsgewährung nach Vorrangigkeitsprinzipien.

Gegenstände der Prioritätensetzung können sein:

- Krankheitsgruppen
- Patientengruppen
- Verfahren/Methoden
- Versorgungsziele
- Versorgungsbereiche wie Prävention, Akutmedizin, Rehabilitation oder Palliativversorgung.

Prioritäten bieten einen Ordnungsrahmen im Hinblick auf hohen und niedrigen Versorgungsbedarf. Sie sollen die Verteilungsgerechtigkeit im Gesundheitswesen erhöhen.

Als Kriterien zur Festlegung von Vorrangigkeit/Dringlichkeit können dienen:

- (Lebens-)Bedrohlichkeit
- Leidensdruck einer Krankheit
- Gefährdung der Mitbevölkerung
- Dauer der Erkrankung
- Erfolgsaussichten einer Behandlung
- Evidenzbasierung
- Wunschmedizin
- Patientenkomfort
- Wellness.

Aus der Gewichtung solcher Kriterien lassen sich mehrstufige Rangreihen entwickeln.

Prioritätensetzung darf dabei nicht in einem ethischen Vakuum erfolgen. Vielmehr müssen im Vorfeld Dringlichkeitskriterien transparent und im gesellschaftlichen Diskurs entwickelt werden.

Häufig wird Prioritätensetzen mit dem Begriff der Rationierung gleichgesetzt. In Abhängigkeit von den zur Verfügung stehenden Ressourcen kann zwar das Setzen von Prioritäten zur offenen Rationierung führen, muss es aber nicht (Fuchs et al. [2009], S. 555 f.).

Die Vorteile des Setzens von Prioritäten liegen vor allem in der Transparenz des Verfahrens sowie in der Chance der Gleichförmigkeit von Verteilungsentscheidungen. Die Entscheidung für die Bereitstellung von Versorgungsleistungen kann leichter nachvollzogen werden, da die Patienten in vergleichbarer Situation gleich behandelt werden. Mit der Schaffung von Transparenz durch die Festlegung von Regeln kann sowohl das Bewusstsein für Gleichbehandlung als auch die Akzeptanz von Vor- und Nachrangigkeit bei Versicherten und Patienten erhöht werden. Explizite Entscheidungskriterien bieten in Form von Standards eine Planbarkeit hinsichtlich der Kosten und einer gleichbleibenden Versorgungsqualität. Gegebenenfalls kann es auch zu kostensparenden Qualitätsverbesserungen kommen (Marckmann [2008], S. 892).

Ein ganz entscheidender Aspekt einer transparenten Prioritätensetzung ist aus ärztlicher Sicht der Schutz des Patienten-Arzt-Vertrauensverhältnisses.

Prioritäten sind vor allem auf der Makro- und Mesoebene festzulegen. Dies ist nicht neu. Ein Beispiel für derartige Prioritätenentscheidungen in Deutschland war im Jahr 2009/2010 die Verordnung zur Impfung bei der neuen Influenza. Dort wurde für den Fall einer Knappheit des Impfstoffes festgelegt, dass mit größter Priorität die Angehörigen der Gesundheitsberufe geimpft werden sollten; danach Patienten mit bestimmten chronischen Erkrankungen; danach Schwangere und bestimmte Altersgruppen bevor die Normalbevölkerung versorgt wurde.

Aber auch auf der Mikroebene müssen Prioritäten gesetzt werden: Zum Beispiel bei einem Massenanfall von Unfallverletzten oder in der Katastrophenmedizin, wo es um Triage-Entscheidungen geht. Auch in der übervollen Notaufnahme von Krankenhäusern werden Prioritäten bei der Versorgung der Patienten gesetzt – dies ist ärztlicher Alltag: höchst belastend und häufig unbewusst. Patienten müssen in die Warteschleife und sind dort womöglich gefährdet. Auch wenn die Politik solche Entscheidungen im Einzelfall dem Arzt nicht abnehmen kann, trägt sie gleichwohl allein die Verantwortung dafür, dass der rechtliche Rahmen stimmt. Es kann nicht akzeptiert werden, dass in solchen Situationen von Ärztinnen und Ärzten nach dem Haftungsrecht mehr verlangt wird, als es das Sozialrecht mit seinen Budgets ermöglicht. Die Einheit der Rechtsordnung muss hergestellt werden. Gesetzliche Regelwerke dürfen sich nicht widersprechen. Wenn Budgets bleiben und unzureichend bemessen sind, bedarf es eines rechtlichen Rahmens, der in solchen Situationen haftungsentlastend wirkt.

3. Vorschläge der Ärzteschaft zur Prioritätensetzung im Gesundheitswesen

Im Folgenden werden konkret Vorschläge der Ärzteschaft zur Umsetzung der Prioritätensetzung im Gesundheitswesen vorgestellt.

3.1 Empfehlungen der Zentralen Ethikkommission bei der Bundesärztekammer (ZEKO)

Die ZEKO hat im Jahr 2007 Empfehlungen zu normativen Kriterien der Priorisierung im Gesundheitswesen vorgelegt (ZEKO [2007], S. 2750 ff.). Weiterhin wurden Maßnahmen vorgeschlagen, die den Prozess einer Prioritätensetzung dauerhaft im Gesundheitswesen etablieren könnten. Diese Vorschläge werden im Folgenden zusammenfassend dargestellt.

Grundsätzlich sollte sich die Prioritätensetzung in der Gesundheitsversorgung primär an ethischen und rechtlichen und nicht ausschließlich an wirtschaftlichen Maßstäben orientieren. Gesundheitsversorgung sollte so gestaltet sein, dass sie allen Bürgern Zugang zu einer Versorgung ermöglicht und nicht nur einem Teil der Bevölkerung zu allen aktuell verfügbaren medizinischen Maßnahmen.

Die ZEKO unterscheidet bei der Prioritätensetzung in der Gesundheitsversorgung zwischen Kriterien, die das Verfahren der Priorisierung beschreiben (formale Kriterien) und eine inhaltliche Ausrichtung haben (inhaltliche Kriterien).

3.1.1 Formale Kriterien

Die im Folgenden beschriebenen formalen Kriterien sollen Aspekte des Grundrechtschutzes aufgreifen (ZEKO [2007], S. 2751):

- Transparenz: Priorisierungen sollten nach klar erkennbaren Kriterien und öffentlich zugänglichen Verfahren erfolgen.
- Begründung: Jede Priorisierung sollte auf nachvollziehbaren Begründungen beruhen.
- Evidenzbasierung: Jeder Priorisierungsvorschlag sollte die verfügbare wissenschaftliche Evidenz wenigstens hinsichtlich Wirksamkeit, Nutzen- und Schadenspotenzialen, Notwendigkeit und der zu erwartenden Kosten der involvierten Leistungen berücksichtigen. Dies erfordert die Einbindung von Fachleuten verschiedener medizinischer und anderer Disziplinen.
- Konsistenz: Priorisierungsregeln und -kriterien sollten in allen Fällen gleichermaßen angewendet werden, so dass Patienten in vergleichbaren medizinischen Situationen gleich behandelt werden.
- Legitimität: Bindende Priorisierungsentscheidungen sollten durch demokratisch legitimierte Institutionen erfolgen.
- Offenlegung und Ausgleich von Interessenkonflikten: Priorisierungsverfahren und -entscheidungen sollten so geregelt sein, dass Interessenkonflikte offengelegt und die involvierten Interessen in einen angemessenen Ausgleich gebracht werden.
- Wirksamer Rechtsschutz: Patienten und Leistungserbringern, denen aufgrund von Priorisierungsentscheidungen Leistungen verwehrt werden, sollten Widerspruchs- und Klageverfahren zur Verfügung stehen.
- Regulierung: Durch freiwillige Selbstkontrolle oder staatliche Regulierung sollten diese Bedingungen einer gerechten Prioritätensetzung gesichert und umgesetzt werden.
- Partizipationsmöglichkeiten: Ergänzend zu den oben genannten formalen Kriterien der ZEKO, sollte nach Meinung von Experten der Einbezug der Bürger beziehungsweise Patienten möglich sein, damit die Betroffenen am Entscheidungsprozess partizipieren können (Marckman [2008],

S. 893). Das heißt auch, dass Patienten und Versicherte über den Leistungsumfang und die zugrunde liegenden Kriterien informiert sein sollten. Weiterhin sollten die Begründungen auch relevant und den Versicherten wie betroffenen Patienten zugänglich sein.

3.1.2 Inhaltliche Kriterien

Die formalen Kriterien sind, insbesondere aus verfassungsrechtlicher Sicht, notwendig, reichen aber nicht für eine ganzheitliche Betrachtung aus. Auch inhaltliche ethische und rechtliche Aspekte müssen bedacht werden, die die ZEKO wie folgt in medizinische Bedürftigkeit, individuellen Nutzen und Kosteneffektivität zusammenfasst (ZEKO [2007], S. 2751f):

(i) Medizinische Bedürftigkeit

Zur Abschätzung der medizinischen Bedürftigkeit wurde ein Stufenmodell entwickelt, das mit Bezug auf das vorrangige Kriterium der medizinischen Bedürftigkeit unterschiedlich starke Leistungsansprüche begründet. Die normativen Maßstäbe für diese Einteilung sind dabei insbesondere das aus der Menschenwürde (Art. 1 GG) folgende medizinische Existenzminimum, die staatliche Schutzpflicht für Leben und körperliche Unversehrtheit (Art. 2 II GG) sowie die verschiedenen Ausprägungen des Gleichheitsgrundsatzes (Art. 3 I-III GG). Hierbei muss aber aufgrund des Rahmencharakters dieser Einteilung ermöglicht werden, dass die Besonderheiten des Einzelfalles oder besonders betroffener Gruppen berücksichtigt werden können, die gegebenenfalls ein Abweichen erforderlich machen.

Folgendes Stufenmodell wird von der ZEKO vorgeschlagen:

Stufe 1: *Lebensschutz und Schutz vor schwerem Leid und Schmerzen*

Unstreitig hat die Erhaltung des Lebens Vorrang. Die Menschenwürde gebietet, dass auch der Schutz vor erheblichen Schmerzen, schwerem menschlichem Leid und Erniedrigung auf dieser Stufe steht.

Stufe 2: *Schutz vor dem Ausfall oder der Beeinträchtigung wesentlicher Organe und Körperfunktionen*

Auf der zweiten Stufe der Prioritätensetzung steht der Schutz vor dem Ausfall oder schwerer Beeinträchtigung wesentlicher Organe, Gliedmaßen und körperlicher wie seelischer Funktionen. Im Lichte des Grundrechts auf Leben und körperliche Unversehrtheit (Art. 2 II GG) muss medizinische Versorgung auch bei Knappheit vorhandener Mittel vorrangig dafür sorgen, dass zum Beispiel Erblindung, Verlust des Gehörs oder eines Beines verhindert wird. Die Relevanz der Schädigungen und Risiken ergibt sich aus ihrer Bedeutung für den ungestörten Vollzug alltäglicher Aktivitäten und für die Teilhabe am gesellschaftlichen Leben.

Stufe 3: *Schutz vor weniger schwerwiegenden oder nur vorübergehenden Beeinträchtigungen des Wohlbefindens*

Hier geht es um weniger gravierende Beeinträchtigungen der körperlichen und seelischen Gesundheit (leichte Schmerzen, ungefährliche Krankheiten ohne wesentliche und dauerhafte Beeinträchtigung von Aktivitäten und Teilhabe). Sie fallen zwar unter den Krankheitsbegriff der WHO, aus konkretem Verfassungsrecht lässt sich aber nur ein nachrangiger Anspruch auf entsprechende Leistungen ableiten. Auf dieser Stufe sind die Mitwirkungsbereitschaft und -befähigung des Patienten von besonderer Bedeutung.

Stufe 4: *Verbesserung und Stärkung von Körperfunktionen*

Erst auf einer vierten und letzten Stufe kann es um die Vervollkommnung von Körperfunktionen (Fitness, Wohlbefinden, Ansehnlichkeit) gehen.

Auf der ersten wie der zweiten Stufe ist eine Differenzierung nach Art und Umfang des Versicherungsschutzes oder der Zahlungsfähigkeit ausgeschlossen. Weiterhin schließt das Grundgesetz eine Differenzierung nach Geschlecht, Abstammung, Rasse, Sprache, Heimat, Herkunft, Glauben, religiöser und politischer Anschauung sowie Behinderung auf allen Stufen aus. Auch wird durch die Antidiskriminierungsrichtlinie der EU und das Allgemeine Gleichbehandlungsgesetz eine Differenzierung nach Alter und sexueller Orientierung ausgeschlossen.

(ii) Erwarteter individueller Nutzen der Maßnahme

Die generelle und einzelfallbezogene Wirksamkeit und die Nutzen- und Schadenspotenziale der entsprechenden Leistungen sind wichtige Kriterien für die Rechtfertigung von Versorgungsbedarfen. Insbesondere Daten aus kontrollierten Studien sind nach den Regeln der evidenzbasierten Medizin zu bevorzugen. Da diese nicht immer vorliegen, können unter anderem auch sorgfältig durchgeführte Beobachtungsstudien und dokumentierte individuelle Heilversuche bei der Beurteilung von Verfahren hilfreich sein. Die Situation von seltenen Erkrankungen muss hierbei eine besondere Berücksichtigung finden, da die Datenlage immer lückenhaft und unzureichend sein wird. Die Beurteilung beschränkt sich dabei nicht nur auf kurative Verfahren, sondern auch auf rehabilitative und präventive Maßnahmen.

(iii) Kosteneffektivität der Maßnahme

Hinsichtlich der nur begrenzt zur Verfügung stehenden Mittel muss auch das Kriterium der Kosteneffektivität beachtet werden, um mit begrenzten Ressourcen die bestmögliche gesundheitliche Versorgung der gesamten Bevölkerung zu erzielen. Bei dieser Kosten-Nutzen-Betrachtung müssen aber die zugrunde gelegten Vorannahmen und Wertungen explizit und transparent gemacht werden. Dennoch ist unter ethischen wie auch politischen Aspekten eine allein an der Kosteneffektivität orientierte Priorisierung nicht vertretbar.

Ziel bei Priorisierungsentscheidungen sollte eine ausgewogene Abwägung aller Kriterien sein. Dabei stellt die Einhaltung prozeduraler Gerechtigkeitsstandards eine wesentliche Voraussetzung für die Legitimität der Entscheidungen dar. Die Gewichtung der Kosteneffektivität nimmt dabei eine besondere Bedeutung ein. Die Festlegung fester Grenzwerte stellt keine Lösung dar. Vielmehr sollte bei einem ungünstigen Kosten-Effektivitäts-Verhältnis die ethische Begründungslast steigen, inwieweit die Erkrankung schwerwiegend ist und eine Alternativlosigkeit vorherrscht.

Insgesamt sollte es im Interesse aller Beteiligten sein, Patientensouveränität zu steigern, auch im Sinne der Stärkung der Eigenverantwortung für die Vorsorge gegen Gesundheitsgefahren sowie der aktiven Förderung der Mitwirkungsfähigkeit und -bereitschaft.

3.2 Gesundheitsrat

Mit der Forderung nach dem öffentlichen Diskurs steht die Ärzteschaft nicht allein da. Neben der ZEKO hat auch der Deutsche Ethikrat einen öffentlichen Diskurs über das Setzen von Prioritäten im deutschen Gesundheitswesen gefordert (Deutscher Ethikrat [2011], S. 58). Die Öffentlichkeit muss beteiligt werden, wenn es darum geht, wie die immer knapper werdenden Mittel eingesetzt werden. Es muss geklärt werden, welche Versorgungsziele vorrangig verfolgt werden. Eine solche Prioritätensetzung sollte auf der Basis ärztlicher, ethischer, medizinisch-wissenschaftlicher und sozialer Kriterien erfolgen und vor allem Ergebnisse der Versorgungsforschung berücksichtigen.

Dass sich die Öffentlichkeit bzw. die Bürger an der Debatte um Prioritäten in der medizinischen Versorgung in Deutschland beteiligen möchten und können, hat eindrucksvoll die Lübecker Bürgerkonferenz gezeigt (Stumpf & Raspe [2011], S. 316-318). Auch die Teilnehmer dieser Bürgerkonferenz fordern eine breite und transparente Debatte zu Prioritäten in der Gesundheitsversorgung. Dabei wurde festgehalten, dass es sich hier um einen gedanklichen Prozess handelt, „… der Verteilungsentscheidungen vorbereiten und darüber informieren könne, diese aber nicht selbst treffe" (Stumpf & Raspe [2011], S. 318).

Es stellt sich also die Frage, wer entsprechend Prioritäten im Gesundheitswesen im vorpolitischen Raum vorbereiten könnte. In der öffentlichen Debatte wird häufig der Gemeinsame Bundesausschuss (G-BA) mit Hilfe des Instituts für Qualität und Wirtschaftlichkeit im Gesundheitswesen (IQWIG) als geeignete Institution genannt. Beim G-BA muss die Unabhängigkeit, insbesondere Politikferne hinterfragt werden, die nötig wäre, um interessenneutral einen Diskussions- und Reflexionsprozess durchzuführen und Entscheidungen zu treffen (Kliemt & Raspe [2009], S. 76). Auch das Bundesministerium für Gesundheit käme nicht in Frage.

Der Deutsche Ethikrat hält fest, dass „die Entscheidung über die Ressourcenverteilung in einem solidarischen Gesundheitssystem besondere Anforderungen an die Ausgestaltung der Entscheidungsprozesse stellt. Der Gesetzgeber hat zu beachten, dass Fragen der gesundheitspolitischen Mittelverteilung unter Bedingungen der Knappheit Gerechtigkeitsfragen sind, die nicht an wissenschaftliche Institute, Verbände oder Interessengruppen delegierbar sind. Eine Mindestanforderung ist die demokratische Legitimation der Entscheidungsträger; der demokratisch legitimierte Gesetzgeber darf sich seiner Verantwortung nicht entziehen" (Deutscher Ethikrat [2011], S. 59).

Die Bundesärztekammer hat daher die Bildung eines Gesundheitsrats vorgeschlagen, der Entscheidungen zu Prioritäten im Gesundheitswesen im vorpolitischen Raum zu aktuellen bzw. drohenden defizitären Versorgungsbereichen vorbereitet (Bundesärztekammer [2008], S. 30). Der Gesundheitsrat moderiert den gesellschaftlichen Diskurs zu Prioritäten im Gesundheitswesen. Auch führt er eine Folgenabschätzung von Entscheidungen durch. Er berät den Gesetzgeber und gibt Berichte und Stellungnahmen gegenüber der Öffentlichkeit ab. Darüber hinaus benennt er Themen für die Versorgungsforschung.

Die Ziele des Gesundheitsrates können unter anderem die Vermeidung von Unterversorgung, regionalen Unterschieden, Wartelisten und Ungleichheiten beim Zugang zu Gesundheitsleistungen sein.

Der Gesundheitsrat agiert unabhängig und ist interdisziplinär besetzt. Persönlich berufen werden sollten neben Ärztinnen und Ärzten, Experten aus der Epidemiologie, Gesundheitsökonomie, Ethik, Sozialwissenschaft, Pflegeberufe, Rechtswissenschaften, Philosophie und Theologie. Auch müssen Patientenvertreter einbezogen werden. Der Gesundheitsrat sollte durch ein Gesundheitsrat-Gesetz an den Deutschen Bundestag angebunden werden.

Wichtige Beratungsthemen eines solchen Gesundheitsrats könnten z.B. die Fragen sein: Welche Patienten- und Bevölkerungsgruppen sind in fünf bis zehn Jahren in unserer Gesellschaft gesundheitlich besonders gefährdet oder vulnerabel? Welche Gruppen werden einer besonderen Zuwendung bedürfen? Welche Vorbereitungen sind heute zu treffen, um deren Gesundheitsversorgung in Zukunft zu gewährleisten?

4. Fazit

Die Rahmenbedingungen, insbesondere der demografische Wandel, zwingen uns, neue Entscheidungswege über die Zuteilung von Gesundheitsleistungen einzuschlagen, um die Herausforderungen der sich zukünftig verschärfenden Mittelknappheit im Gesundheitswesen – und dies nicht nur auf ökonomische Faktoren bezogen – in den Griff zu bekommen.

Das Setzen von Prioritäten in der medizinischen Versorgung kann dazu beitragen, dass die knappen Mittel nach gesellschaftlich konsentierten Kriterien möglichst gerecht verteilt werden. Prioritätensetzung ist daher kein Instrument der Kostendämpfung im Gesundheitswesen. Die Erfahrungen aus dem Ausland zeigen, dass es sich um einen langwierigen Prozess handelt, bei der die Politik eine maßgebliche Rolle einnimmt. Der öffentliche Diskurs zu Prioritäten von Leistungen im Gesundheitswesen trägt dazu bei, das Bewusstsein um die begrenzten Mittel im Gesundheitswesen zu wecken. Entscheidungen über den Umfang solidarisch finanzierter Leistungen sind ethische Entscheidungen, die im gesellschaftlichen Diskurs und auf politischem Wege getroffen werden müssen.

Letztlich kann nur festgestellt werden: Memento mori. Nicht nur unsere irdischen Güter sind begrenzt; Begrenztheit gilt auch für unser Dasein. Dies zu erkennen und anzuerkennen bedeutet nicht Resignation. Vielmehr ist es ein entscheidender Baustein für die erforderliche Gelassenheit beim Umgang mit dem so wichtigen Thema Mittelknappheit im Gesundheitswesen unter ethischen Aspekten.

5. Literatur

Beske, F./Budzyn, M./Golbach, U./Hess, R./Reinicke, M./Weber, Ch. [2010]: Bedarfsgerechte Gesundheitsversorgung bei begrenzten Mitteln, Schriftenreihe IGSF Kiel, Bd. 116, Kiel

Beske, F./Hallauer, J.F./Kern, A.O. [1997a]: Die Meinung der Ärzte. Ergebnisse einer Leserbefragung (II), in: Deutsches Ärzteblatt, Jg. 94, Heft 38, A:2400-2401

Beske, F./Hallauer, J.F./Gerlitz, J./Kern, A.O. [1997b]: Die Meinung der Ärzte. Ergebnisse einer Leserbefragung (III und Schluß), in: Deutsches Ärzteblatt, Jg. 94, Heft 40, A: 2554-2558

Bundesärztekammer, (Hrsg.) [2008]: Gesundheitspolitische Leitsätze der Ärzteschaft – Ulmer Papier, Beschluss des 111. Deutschen Ärztetages 2008 (http://www.bundesaerztekammer.de/downloads/ UlmerPapierDAET111.pdf, letzter Abruf 18.06.2011)

Deutscher Ethikrat [2011]: Nutzen und Kosten im Gesundheitswesen – Zur normativen Funktion ihrer Bewertung, Stellungnahme, Berlin

Fozouni, B/Güntert, B. [2000]: Prioritätensetzung im deutschen Gesundheitswesen – die Triade zwischen Rationierung, Rationalisierung und rationaler Allokation, in: Das Gesundheitswesen, Jg. 62, Heft 11, S. 559-567

Fuchs, Ch. [2010]: Demografischer Wandel und Notwendigkeit der Priorisierung im Gesundheitswesen: Positionsbestimmung der Ärzteschaft, in: Bundesgesundheitsblatt, Jg. 53, S. 435-440

Fuchs, Ch. [1998]: Was heißt hier Rationierung? In: Nagel, E; Fuchs Ch. (Hrsg.): Rationalisierung und Rationierung im deutschen Gesundheitswesen, Stuttgart, New York, S. 42-50

Fuchs, Ch./Nagel, E./Raspe, H. [2009]: Rationalisierung, Rationierung und Priorisierung – was ist gemeint?, in: Deutsches Ärzteblatt, Jg. 106, Heft 12, A:554-557

Institut für Demoskopie Allensbach [2010]: MLP Gesundheitsreport 2010, MLP AG (Hrsg.), Wiesloch (http://www.bundesaerztekammer.de/downloadsGSR_2010.pdf, letzter Abruf 18.06.2011)

Marckmann, G. [2008]: Gesundheit und Gerechtigkeit, in: Bundesgesundheitsblatt, Jg. 51, S. 887-894

Kern, A.O./Beske, F./Lescow, H. [1999]: Leistungseinschränkung oder Rationierung im Gesundheitswesen in: Deutsches Ärzteblatt, Jg. 99, Heft 3, A:113-117

Kliemt, H./Raspe, H. [2009]: Briefwechsel zwischen Heiner Raspe und Hartmut Kliemt, in: Zeitschrift für Evidenz, Fortbildung und Qualität im Gesundheitswesen (ZEFQ), Jg. 103, Heft 2, S. 75-79

Sachverständigenrat für die konzertierte Aktion im Gesundheitswesen [2003]: Finanzierung, Nutzenorientierung und Qualität, Gutachten, Bundestags-Drucksache 15/530

Strech, D./Danis, M./Löb, M./Marckmann, G. [2009]: Ausmaß und Auswirkungen von Rationierung in deutschen Krankenhäusern, in: Dtsch. Med. Wochenschr. (DMW), Jg. 134, S. 1261-1266

Strech, D./Börchers, K./Freyer, D./Neumann, A./Wasern, J./Marckmann, G. [2008]: Ärztliches Handeln bei Mittelknappheit, Ergebnisse einer qualitativen Interviewstudie, in: Ethik in der Medizin, Jg. 20, Heft 2, S. 94-109

Stumpf, S./Raspe, H. [2011]: Über die Priorisierung sprechen – insbesondere mit den Betroffenen, in: Deutsches Ärzteblatt, Jg. 108, Heft 7, A:316-318

ZEKO – Zentrale Ethikkommission bei der Bundesärztekammer [2007]: Priorisierung medizinischer Leistungen im System der Gesetzlichen Krankenversicherung (GKV) – Zusammenfassung, September 2007, in: Deutsches Ärzteblatt, Jg. 104, Heft 40, A:2750-2754

ZEKO – Zentrale Ethikkommission bei der Bundesärztekammer [2000]: Priorisierung medizinischer Leistungen im System der Gesetzlichen Krankenversicherung (GKV): Müssen und können wir uns entscheiden?, in: Deutsches Ärzteblatt, Jg. 97, Heft 15, A:1017-1023

Manfred Erbsland*

Priorisierung und Rationierung im Gesundheitswesen aus ökonomischer Sicht**

1. Einleitung
2. Knappheit und Allokation
3. Rationalisierung
4. Rationierung und Priorisierung
5. Notwendigkeit der Rationierung aus wohlfahrtstheoretischer Sicht
6. Kosten-Nutzen-Bewertung von Gesundheitsleistungen
7. Anwendung der Kosten-Nutzen-Bewertung zur Priorisierung und Rationierung
8. Fazit
9. Literatur

---

* Prof. Dr. rer. pol. Manfred Erbsland, Fachhochschule Ludwigshafen a. Rh.
** Der folgende Beitrag stellt eine überarbeitete und stark erweiterte Fassung meines am 8. Oktober 2010 gehaltenen Vortrags bei den 8. Gesundheitsökonomischen Gesprächen an der Fachhochschule Ludwigshafen am Rhein dar.

1. Einleitung

Der medizinisch-technische Fortschritt sorgt auf der einen Seite dafür, dass die Grenze des medizinisch Machbaren immer weiter nach außen verschoben wird. Auf der anderen Seite sind (auch) im Gesundheitswesen die Ressourcen knapp, um die entsprechenden medizinischen Leistungen bereitzustellen. Die Kluft zwischen dem, was medizinisch machbar ist und dem, was tatsächlich an medizinischen Leistungen durch eine solidarisch finanzierte Krankenversicherung für alle finanzierbar ist, nimmt immer mehr zu. Priorisierung und Rationierung von medizinischen Leistungen stellen daher eine notwendige Bedingung dar, um eine effiziente medizinische Versorgung sicherzustellen.

Aus Wissenschaft und Praxis liegen seit Jahren bereits zahlreiche Vorschläge zur Priorisierung und Rationierung von medizinischen Leistungen für den Bereich der Gesetzlichen Krankenversicherung (GKV) vor.[1] Die Politik, die insbesondere im Bereich der solidarisch finanzierten GKV bei der Entwicklung von Kriterien zur Priorisierung und Rationierung und deren Umsetzung in die Praxis in der politischen Verantwortung steht, stellt sich dieser Verantwortung weitestgehend nicht. Die Politik steht dem Thema Priorisierung und Rationierung eher ablehnend gegenüber. So antwortete Bundesgesundheitsminister Rösler in einem Interview mit der Wirtschaftswoche auf die Frage „Brauchen wir auch in Deutschland eine breite gesellschaftliche Debatte über „Priorisierung" im Gesundheitswesen?": „Definitiv nicht."[2] In anderen Ländern wie z.B. Schweden und Oregon/USA wurden hingegen bereits vor Jahren Konzepte zur Priorisierung von Gesundheitsleistungen entwickelt und umgesetzt.[3] In Deutschland wird vor allem über die Einnahmesituation der GKV diskutiert und gestritten. Die Diskussion darüber, für welche medizinischen Leistungen die Einnahmen der GKV ausgegeben werden sollen, beginnt erst allmählich, da

---

[1] Eine Überblick über die zahlreichen Vorschläge gibt Lexa ([2009], S. 49 ff.)

[2] Interview der Wirtschaftswoche mit Gesundheitsminister Rösler vom 06. Februar 2010 (Rössler [2010]). Auch Staber/Rothgang ([2010], S. 16) weisen darauf hin, dass im deutschen Gesundheitssystem Rationierung und Priorisierung „keine gern gesehene Themen" sind.

[3] Für einen Überblick vgl. Lexa [2009], S. 19 sowie S. 55 f. und Staber/Rothgang [2010], S. 7 ff.

bisher die Unvermeidbarkeit der Rationierung gerne geleugnet wurde (vgl. Smith [2008], S. 274).

Die Bevölkerung scheint hier schon weiter als die Politik zu sein: Sie sieht mehrheitlich Leistungsbeschränkungen und somit eine Priorisierung und Rationierung von Leistungen in der GKV zukünftig auf sich zukommen. So gehen knapp 60% der Bevölkerung davon aus, dass das allgemeine Leistungsspektrum der GKV zukünftig abnehmen wird, während nur knapp 8% der Befragten eine Leistungsausweitung erwarten (vgl. Tabelle 1).

„Glauben Sie, dass das allgemeine Leistungsspektrum Ihrer Krankenversicherung künftig…"	
…wächst	7,6%
abnimmt	59,3%
oder gleich bleibt?	29,9%
weiß nicht/keine Angabe	3,2%

Tab. 1: Prospektive Betrachtung des deutschen Gesundheitssystems durch die Bevölkerung. Quelle: Wissenschaftliches Institut der AOK [2010], S. 2.

2. Knappheit und Allokation

Das Weltbild der Ökonomen beruht auf drei grundsätzlichen Beobachtungen:

- Menschen haben unterschiedliche Bedürfnisse bzw. Präferenzen.
- Die Ressourcen sind im Gegensatz zu den Bedürfnissen der Menschen beschränkt, d.h. es existiert ein Knappheitsproblem. Es können nicht alle Bedürfnisse erfüllt werden.
- Die beschränkten Ressourcen können unterschiedlichen Verwendungszwecken zugeführt werden, d.h. es liegt Rivalität in der Verwendung der knappen Ressourcen vor (Allokationsproblem). Verwendungsrivalität existiert hierbei sowohl zwischen den Sektoren einer Volkswirtschaft als auch innerhalb eines Wirtschaftssektors. Der Bereich Gesundheit riva-

lisiert z.B. mit den Sektoren Bildung, Verkehr sowie Äußere Verteidigung um die knappen Ressourcen. Im Gesundheitssektor liegt z.B. eine Rivalität um die knappen Ressourcen zwischen stationärer und ambulanter Behandlung oder Kuration und Prävention vor.

Jenseits der Grenze des „Schlaraffenlands", in dem alles im Überfluss vorhanden ist, leben wir in einer Welt der Knappheit:[4] So ist das Leben knapp, da jeder Mensch nur ein Leben besitzt. Es ist eben nicht so wie im Schlaraffenland, wo ein Jungbrunnen existiert, in den man als alter Mensch hineinsteigt und nach einigen Tagen als junger Mensch wieder herauskommt. Wie unsere (Lebens-)Zeit und unser menschlicher Verstand begrenzt sind, so sind dies auch die Ressourcen im Gesundheitswesen. Da wir nicht im Schlaraffenland leben, können wir dem Knappheitsproblem grundsätzlich nicht entgehen, aber die Gesellschaft sollte damit vernünftig umgehen: sie sollte nach (ökonomischer) Effizienz streben.[5]

Aufgrund der Knappheit der Ressourcen sollte die Produktion nach dem ökonomischen Prinzip erfolgen: Einen gegebenen Output mit minimalem Ressourceneinsatz erzeugen (Sparsamkeits- bzw. Minimierungsprinzip) oder bei gegebenem Ressourceneinsatz den maximalen Output erbringen (Ergiebigkeits- bzw. Maximierungsprinzip) (vgl. Guckelsberger/Kronenberger [2009], S. 24). Übertragen auf die Gesundheitsversorgung heißt dies: Die gegebenen knappen Ressourcen im Gesundheitsbereich sollen so eingesetzt werden, dass sie den größtmöglichen gesundheitlichen Nutzen stiften.

Als Indikator für die Aufteilung der Ressourcen auf den Gesundheitssektor und die restlichen Sektoren der Volkswirtschaft dient die Gesundheitsquote. Sie setzt die gesamten Gesundheitsausgaben eines Jahres in Relation zum Bruttoinlandsprodukt des gleichen Jahres. Abbildung 1 zeigt die Gesundheitsquoten der Länder der OECD. Die höchste Gesundheitsquote besitzen die USA mit 16%. Es folgen Frankreich (11,2%), die Schweiz (10,7%) und Deutschland (10,5%).

---

[4] Seit der Vertreibung aus dem Paradies bezeichnet man den Tatbestand der Knappheit in der Theologie mit dem Begriff „Endlichkeit" (Schramm [2004], S. 1).

[5] „An economy is efficient if it takes all opportunities to make some people better off without making other people worse off" (Krugman/Wells [2009], S. 14).

Priorisierung und Rationierung im Gesundheitswesen 37

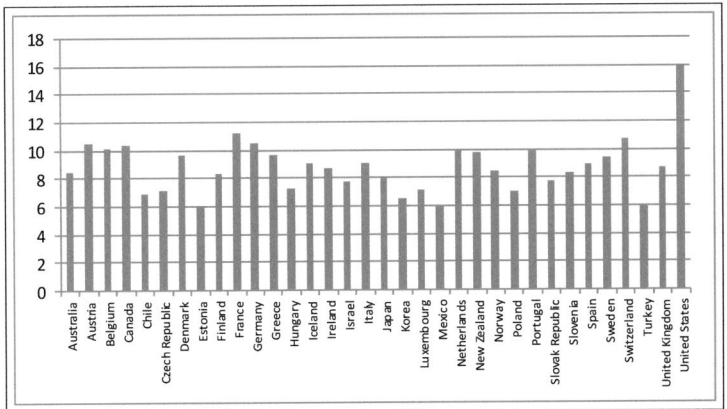

Abb. 1: Gesundheitsquoten der Länder der OECD (Jahr 2008 oder letztes verfügbares Jahr). Quelle: OECD [2010] sowie eigene Darstellung.

Die oben definierte Gesundheitsquote enthält auch die privaten Gesundheitsausgaben, über die der Einzelne gemäß seiner Präferenzen selbst entscheidet. Abbildung 2 zeigt die Gesundheitsquote für die öffentlichen Gesundheitsausgaben (öffentliche Gesundheitsquote).[6] Sie enthält nicht die privaten Gesundheitsausgaben und spiegelt somit vor allem die Gesundheitsausgaben wider, die über Steuern und Sozialbeiträge (Zwangsabgaben an den Sektor Staat) finanziert werden.

Ein Vergleich von Abbildung 1 und 2 verdeutlicht, dass in den USA ein großer Teil der Gesundheitsausgaben privat finanziert werden. Mit Abstrichen gilt dies auch für die Schweiz, was vor allem an den dortigen hohen Selbstbehalten (Franchise, prozentuale Beteiligungen) in der obligatorischen Krankenversicherung liegt und dass viele Einwohner der Schweiz noch eine Zusatzversicherung besitzen (vgl. Kocher/Oggier [2007], S. 82 und S. 163ff.).

---

[6] Die öffentlichen Gesundheitsausgaben sind in der OECD Gesundheitsdatenbank wie folgt definiert: "Public expenditure on health care: health expenditure incurred by public funds. Public funds are state, regional and local Government bodies and social security schemes. Public capital formation on health includes publicly financed investment in health facilities plus capital transfers to the private sector for hospital construction and equipment" (OECD [2010]). Gemäß der Definition zählen die Ausgaben der gesetzlichen Krankenversicherung zu den öffentlichen Gesundheitsausgaben. Die öffentliche Gesundheitsquote ist hier definiert als das Verhältnis der öffentlichen Gesundheitsausgaben zum Bruttoinlandsprodukt.

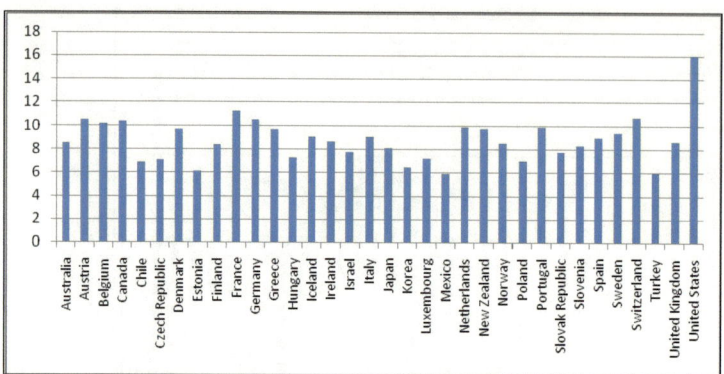

Abb. 2: Öffentliche Gesundheitsquoten der Länder der OECD (2008 oderletztes verfügbares Jahr). Quelle: OECD [2010] sowie eigene Darstellung.

Abbildung 3 zeigt eine Projektion der öffentlichen Gesundheitsquote (Public Health) für die Länder der OECD bis zum Jahr 2050. Zwei Szenarien werden hierbei unterschieden: „Kosten-Druck" („cost-pressure") und „Kosten-Dämpfung" („cost-containment") (OECD [2006], S. 16f.). Ursächlich für die Zunahme der Gesundheitsausgaben sind der demografische Effekt, der Einkommenseffekt und der sogenannte Restausgabeneffekt (vgl. OECD [2006], S. 10ff.). Der Restausgabeneffekt fasst alle Faktoren zusammen, die zum Wachstum der Gesundheitsausgaben beitragen, wenn man die demografische Komponente und die Einkommenskomponente herausrechnet bzw. über diese beiden Komponenten kontrolliert (vgl. OECD [2006], S. 12). Beim Kosten-Druck-Szenario wird unterstellt, dass die sogenannten „Restausgaben" („residual expenditure") jährlich um 1% über den gesamten Projektionszeitraum wachsen (vgl. OECD [2006], S. 16), während beim Kosten-Dämpfungs-Szenario das Wachstum der Restausgaben bis zum Jahr 2050 gegen null konvergiert (vgl. OECD [2006], S. 16).[7]

---

[7] Der jährliche Anstieg von 1% für die „Restausgaben" wurde aus der Entwicklung der Gesundheitsausgaben der Jahre 1981 - 2002 geschätzt. „... the residual growth can be estimated at around 1% per year" (OECD [2006], S. 12 sowie Tabelle 2.1).

Priorisierung und Rationierung im Gesundheitswesen 39

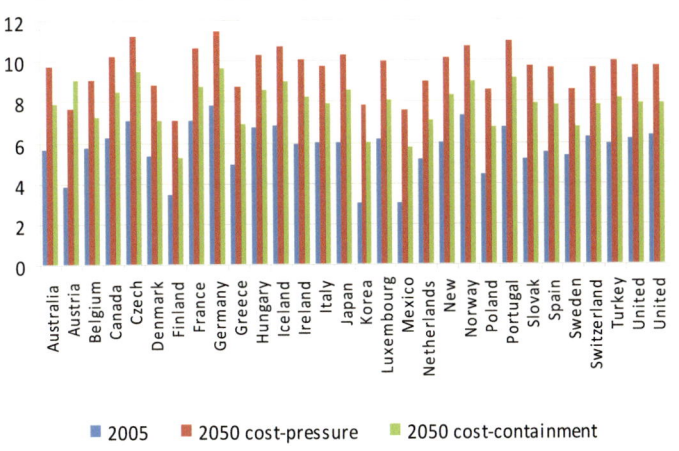

Abb. 3: Projektion der öffentlichen Gesundheitsquoten der Länder der OECD. Quelle: OECD [2006], S. 31 sowie eigene Darstellung.

Die öffentliche Gesundheitsquote wird gemäß der OECD-Projektion in Deutschland von 7,8% im Jahr 2005 auf 11,4% (Kosten-Druck-Szenario) bzw. 9,6% (Kosten-Dämpfungs-Szenario) im Jahr 2050 ansteigen (vgl. Abbildung 3 und OECD [2006], Tabelle 1.1, S. 31). Der (reine) demografische Effekt trägt dabei nur mit ca. 0,4%-Punkten zum Wachstum bei (vgl. OECD [2006], Tabelle 2.4, S. 35).[8]

Eine detaillierte Aufteilung der Gesundheitsausgaben auf die unterschiedlichen Finanzierungsträger in Deutschland zeigt Abbildung 4. Im Jahr 2008 entfielen 57,5% der Gesundheitsausgaben (in der Abgrenzung des Statistischen Bundesamtes) auf die Gesetzliche Krankenversicherung (GKV) gefolgt von der Privaten Krankenversicherung (PKV) mit einem Anteil von 13,4%. Der größte Teil der Ressourcen, die dem Gesundheitssektor zur Produktion von Gesundheitsleistungen zur Verfügung standen, entfielen somit im Jahr 2008 auf die GKV.

---

[8] Die Projektion der öffentlichen Gesundheitsquote für Deutschland liegt bei 8,2%, wenn nur der demografische Effekt berücksichtigt wird (OECD [2006], Tabelle 2.4, S. 35).

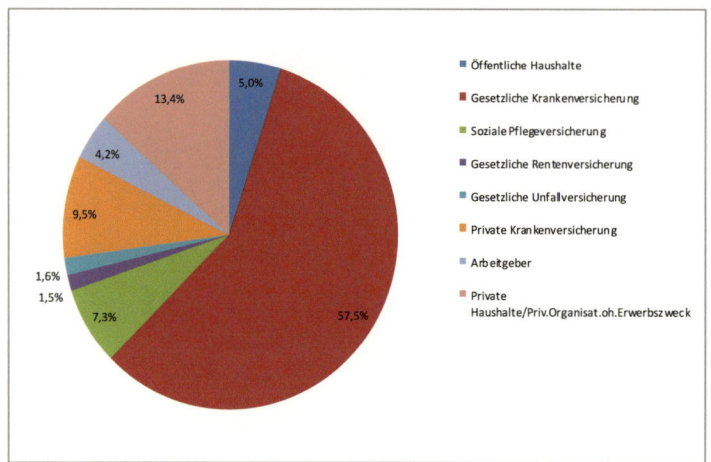

Abb. 4: Gesundheitsausgaben nach Finanzierungsträgern im Jahr 2008.
Quelle: Statistisches Bundesamt [2011], Abruf 13. 02. 2011,
sowie eigene Darstellung.

Abbildung 5 spiegelt die Entwicklung der Leistungsausgaben der GKV im Verhältnis zum (nominalen) Bruttoinlandsprodukt von 1950 – 2009 wider. Auffallend ist der starke Anstieg der Quote in der ersten Hälfte der 1970er Jahre des letzten Jahrhunderts. Gründe hierfür sind u. a. die Erweiterungen im Leistungskatalog der GKV und die Ausweitung des Versicherungsschutzes auf weitere neue Personenkreise wie z. B. die Landwirte (vgl. Frerich/Frey [1996], S. 70 ff.). Hier drückt sich u. a. der Wille der sozial-liberalen Koalition aus SPD und FDP unter Bundeskanzler Willy Brandt aus, die 1969 die Regierung übernahm, den Sozialstaat auszubauen bzw. zu reformieren.[9] Es war also eine bewusste Entscheidung der sozial-liberalen Koalition in diesem Bereich (überproportional) mehr Ressourcen einzusetzen. Finanzieren konnte man dies aufgrund des star-

---

[9] In seinen Autobiografie schreibt Willy Brandt: „Wir gingen 1966 und verstärkt 1969 daran, Menschen in die Gemeinschaft heimzuholen, die nicht eigenes Verschulden, sondern der Zufall des Lebens ausgegrenzt hatte. Wir ergriffen die Initiative zur Lohnfortzahlung im Krankheitsfall für die Arbeiter und sorgten dafür, daß erst in der Renten- und dann in der Krankenversicherung die engen Pflichtgrenzen überwunden wurden; viele Angestellte waren ohne verläßlichen und von den Arbeitgebern mitfinanzierten Sozialversicherungsschutz geblieben. Es hört sich technisch an – und doch: die Chance zur Selbstbehauptung wäre ohne solche Teilreformen nur die Hälfte wert gewesen. Auch die Krankenversicherung für Landwirte gehört in diesen Zusammenhang" (Brandt [1989], S. 275).

ken Wirtschaftswachstums, das sich in relativ hohen Wachstumsraten des BIP widerspiegelte (vgl. Abbildung 6). Dadurch hielten sich die Opportunitätskosten in Grenzen, d.h. man war in der Lage, den sozialen Bereich auszubauen, ohne andere Sektoren (merklich) beschneiden zu müssen.

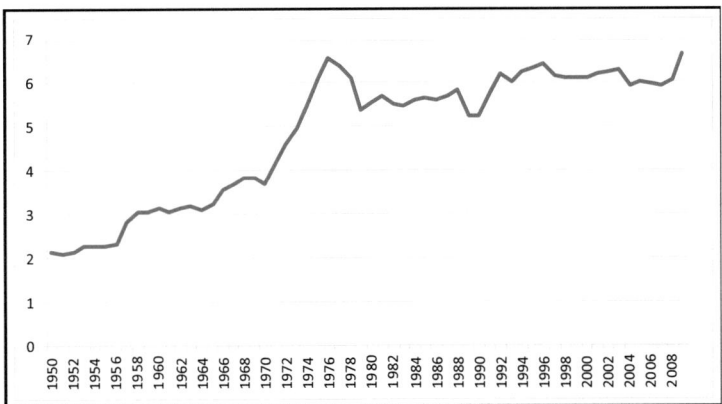

Abb. 5: Leistungsausgaben der GKV in Relation zum BIP in Prozent, 1950 – 2009. Quelle: Bundesministerium für Arbeit und Sozialordnung [2010] sowie eigene Berechnungen und Darstellung.

Dies änderte sich mit der ersten Erdölkrise 1973/74. Sie führte zu einem Wirtschaftseinbruch und zu einem Anstieg der Arbeitslosigkeit. So wuchs 1974 die Wirtschaft, gemessen an der Veränderungsrate des realen BIP, nur noch mit einer Rate von 0,9% an,[10] und im Jahr 1975 schrumpfte es sogar um 0,9% (vgl. Abbildung 6). Ein Rückgang, der bis dahin in der Bundesrepublik noch nicht zu beobachten war. Die Arbeitslosenquote schnellte auf 4,7% im Jahr 1975 nach oben. Dies setzte der Expansion des Sozialstaates ein Ende und die Zeit der Konsolidierung begann (vgl. Ostheim/Schmidt [2007], S. 168 f.). Im Jahr 1977 kam es zum ersten Gesetz, das die Kosten im Bereich der GKV dämpfen sollte.[11]

---

[10] Im Vorjahr (1973) war das reale BIP noch um 4,8% gewachsen.
[11] Vgl. Gesetz zur Dämpfung der Ausgabenentwicklung und zur Strukturverbesserung in der gesetzlichen Krankenversicherung vom 27. Juni 1977 (Krankenversicherungs-Kostendämpfungsgesetz (KVKG)).

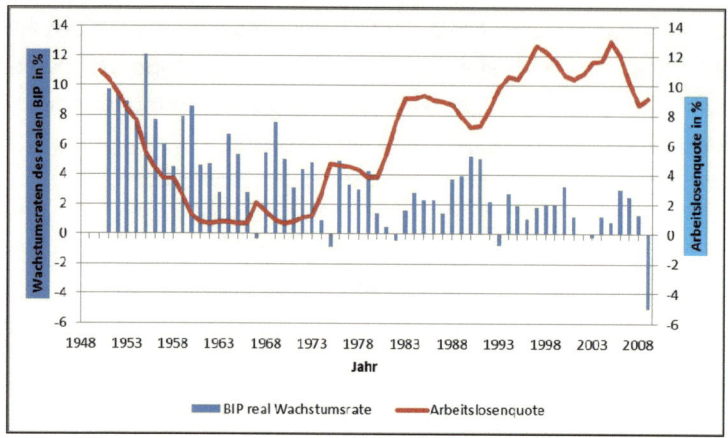

Abb. 6: Entwicklung der Arbeitslosenquote 1) und des realen BIP 2)
1) Arbeitslosenquote aller abhängigen Erwerbspersonen (ohne Soldaten).
2) 1949/50 – 1990 früheres Bundesgebiet; ab 1991 Deutschland; auf der linken Ordinate ist die Wachstumsrate des BIP und auf der rechte Ordinate die Arbeitslosenquote abgetragen. Quelle: Bundesministerium für Arbeit und Sozialordnung [2010] sowie eigene Darstellung.

Über den Anteil der knappen Ressourcen, der auf den solidarisch finanzierten Gesundheitssektor entfallen soll,[12] muss m. E. die Gesellschaft bzw. deren Repräsentanten (Parlament) entscheiden.[13] Ist diese Entscheidung jedoch einmal von der Gesellschaft getroffen worden, dann geht es darum, die Ressourcen, die für den (solidarisch finanzierten) Gesundheitsbereich vorgesehen sind, so aufzuteilen, dass sie den größtmöglichen gesundheitlichen Nutzen stiften.

---

[12] In Deutschland wäre dies vor allem die GKV. Die zeitliche Entwicklung der entsprechenden Quote zeigt Abbildung 5.

[13] In Deutschland hat die Politik für den Bereich der GKV das Ziel der Beitragssatzstabilität vorgegeben. Sie ist im § 71 SGB V festgeschrieben und bedeutet, dass die Ausgaben sich gemäß den Einnahmen entwickeln sollen. In der GKV gilt somit der Grundsatz einer Einnahmen orientierten Ausgabenpolitik. „Der Grundsatz der Beitragssatzstabilität ist eine Zielvorgabe für die Vertragspartner im Rahmen eines – globalen – Steuerungskonzeptes der sozialen Krankenversicherung" (Orlowski [2000], Rdnr. 13). Dieser Grundsatz gilt jedoch nur eingeschränkt: „Das Ziel, Beitragssatzsteigerungen zu vermeiden, muss zurücktreten, wenn bei Beitragssatzstabilität die notwendige medizinische Versorgung nicht gewährleistet werden kann. Entgegen einer weit verbreiteten Meinung geht daher auch der Grundsatz der Beitragssatzstabilität vom Vorrang (Kritik, vgl. z. B. Tiemann, SGB V 1998, S. 146 m.w.N.) der Sicherung der angemessenen Versorgung der Versicherten aus" (Orlowski [2000], Rdnr. 16).

Hierzu können Ökonomen mit ihrem Instrumentarium einen wesentlichen Beitrag leisten.[14]

Die Aufteilung der Ressourcen auf unterschiedliche Leistungsarten innerhalb des Bereichs der GKV für das Jahr 2010 zeigt Abbildung 7. Relativ am meisten aufgewendet wurde für die Krankenhausbehandlung mit einem Anteil von 32,5%, gefolgt von der ambulanten ärztlichen Versorgung mit 18,3%[15] und den Arzneimittel aus Apotheken und Sonstigen mit 17,7%.

Die Entwicklung der Ausgaben ausgewählter Leistungsarten der GKV für das frühere Bundesgebiet gibt Abbildung 8 wieder.[16] Den größten Zuwachs zeigen die Ausgaben für Krankenhausbehandlung, gefolgt von den Ausgaben für Arznei-, Heil- und Hilfsmitteln aus Apotheken (Arzneimittel), den Ausgaben für Zahnärzte (ohne Zahnersatz) und den Ausgaben für ärztliche Behandlung.

Wie Abbildung 8 verdeutlicht, explodierten Anfang der 1970er Jahre die Ausgaben für Zahnersatz in kurzer Zeit, um dann mit Schwankungen zunächst zu stagnieren. Mit Einführung der Festzuschüsse im Jahr 2005 zeigt sich ein gewisser Abwärtstrend (vgl. Abbildung 8).[17]

---

14 „Das Wesen des Wirtschaftens besteht in der Anerkennung der Knappheit als Realität und in der Folge in der Erkenntnis, wie die Gesellschaft gestaltet werden muß, so daß sie zu einem möglichst effizienten Ressourceneinsatz gelangt. Und genau hier kann die Volkswirtschaftslehre ihren entscheidenden Beitrag leisten" (Samuelson/Nordhaus [1998], S. 29).

15 Die Ausgaben für vertragsärztliche Versorgung („Ausgaben, die der vertragsärztlichen Versorgung zugute kommen") enthalten: „ärztliche Behandlung, Behandlung durch Belegärzte in Krankenhäusern, ärztliche Behandlung und Behandlung bei Empfängnisverhütung, Sterilisation, Schwangerschaftsabbruch, Früherkennung, Mutterschaftsvorsorge, Dialyse-Sachkosten sowie von den Versicherten geleistete Zuzahlungen (Praxisgebühr)" (Bundesministerium für Gesundheit [2011]).

16 Die Abgrenzung der Ausgabenarten der Abbildung 7 und Abbildung 8 sind nicht identisch. So umfassen u. a. die Ausgaben für Ärzte in Abbildung 8 die ärztliche Behandlung, während in Abbildung 7 noch weitere Positionen eingerechnet sind (vgl. Fußnote 15). Deswegen wird in Abbildung 7 auch von Ausgaben, die der vertragsärztlichen Versorgung zugutekommen, gesprochen und nicht von Ausgaben für Ärzte. Weiterhin sind in den Daten der Abbildung 8 auch die entsprechenden Zuzahlungen der Versicherten enthalten.

17 Seit dem 01. 07. 2007 gibt es in der GKV keine paritätische Finanzierung mehr für Zahnersatz. Die Versicherten zahlen einen Zuschlag von 0,9% ihres Bruttogehaltes. Davon sind 0,4% für die Finanzierung des Zahnersatzes und 0,5% für die Finanzierung des Krankengeldes vorgesehen (vgl. Nagel [2007], S. 83). Auch ist am 1. 1. 2005 die prozentuale Selbstbeteiligung beim Zahnersatz durch Festzuschüsse abgelöst worden (vgl. Nagel [2007], S. 83).

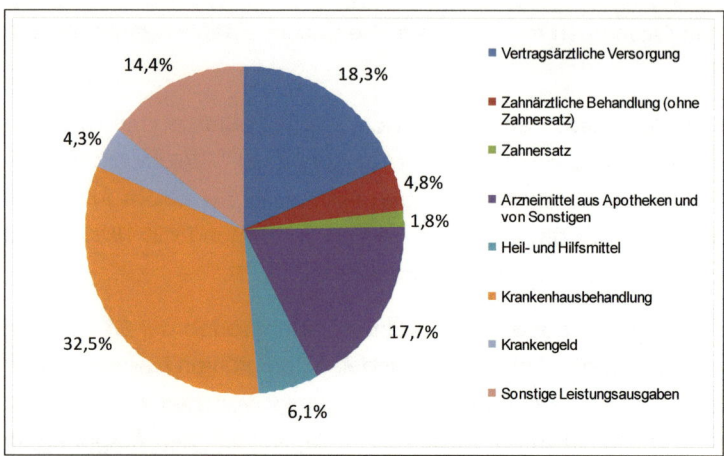

Abb.7: Leistungsausgaben nach Arten 1. bis 4. Quartal 2010 (Anteile in Prozent der gesamten Leistungsausgaben einschließlich Zuzahlungen). Quelle: Bundesministerium für Gesundheit [2011] sowie eigene Berechnungen und Darstellung.

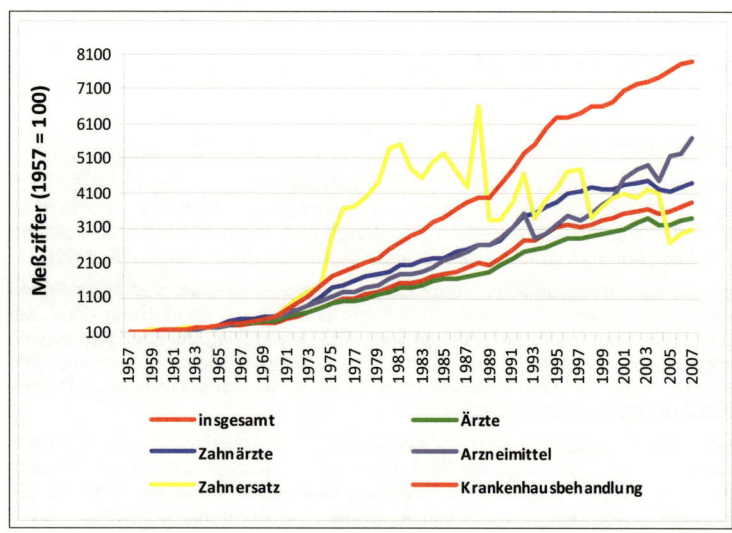

Abb.8: Entwicklung ausgewählter Leistungsarten der GKV (früheres Bundesgebiet, 1957 – 2007), 1957 = 100. Quelle: Bundesministerium für Arbeit und Sozialordnung [2010] sowie eigene Berechnungen und Darstellung.

Man könnte sich durchaus die Frage stellen, inwieweit Zahnersatz eine Grundleistung einer solidarischen Krankenversicherung sein sollte. So gilt z. B. für die obligatorische Krankenversicherung der Schweiz, „dass nur die schweren, nicht vermeidbaren Schäden im Kausystem durch die Sozialversicherung gedeckt werden. Leitgedanke ist die Selbstverantwortung des Einzelnen, der durch entsprechende Hygiene Zahnerkrankungen vermeiden kann" (Kocher/Oggier [2007], S. 408). Die Grundlage für den schweizerischen Ansatz bildet „der wissenschaftlich bewiesene Umstand, dass Karies und Zahnverlust durch Parodontitis (Erkrankung des Zahnbettes), von seltenen Krankheitsbildern abgesehen, vermeidbar sind" (Kocher/Oggier [2007], S. 403). Hintergrund, warum Zahnersatz keine Pflichtleistung einer solidarischen Krankenversicherung sein sollte, ist die Annahme des sogenannten Moral Hazard: Nach Abschluss einer (Voll-)Versicherung ändert der Versicherte sein Verhalten (vgl. Breyer/Zweifel/Kifmann [2005], S. 222).[18] Übernimmt die Krankenversicherung die Kosten für den Zahnersatz, dann wird eventuell weniger Zahnprophylaxe betrieben, da die dadurch entstehenden Kosten die Krankenversicherungen tragen. Dies führt zu einer Verschwendung von Ressourcen und wäre somit ineffizient.

Die Knappheit der Ressourcen im Gesundheitswesen macht es erforderlich auch in diesem Sektor über

- Rationalisierung
- Rationierung und
- Priorisierung

zu reden.

---

[18] Kritisch zum Moral Hazard als „gesundheitspolitisches Paradigma" Reiners [2009], S. 95 ff.

3. Rationalisierung

Wie sieht es mit der Effizienz im deutschen Gesundheitswesen aus? In der Literatur existieren zahlreiche Hinweise, dass im deutschen Gesundheitswesen Ineffizienzen vorliegen, d.h. Ressourcen verschwendet werden. Der Sachverständigenrat für die Konzertierte Aktion im Gesundheitswesen weist in seinem „Gutachten 2000/2001 zur Über-, Unter- und Fehlversorgung" auf Ineffizienzen hin (vgl. Sachverständigenrat für die Konzertierte Aktion im Gesundheitswesen [2001]). Die Ergebnisse des Gutachtens beruhen auf einer Befragung von 300 wissenschaftlichen Organisationen, Körperschaften und Selbsthilfeorganisationen des Gesundheitswesens. Die befragten Einrichtungen sahen in fast allen Versorgungsaufgaben und -bereichen des deutschen Gesundheitssystems Mängel. Das zentrale Problem liege in der mangelnden Kooperation und in der unzureichenden Sektor übergreifenden Versorgung (vgl. Sachverständigenrat für die Konzertierte Aktion im Gesundheitswesen [2001], S. 43ff.).

Die Weltgesundheitsorganisation (WHO) hat im Jahr 2000 aufgrund von Input-Output-Relationen die Effizienz der Gesundheitssysteme von 191 Ländern verglichen (vgl. World Health Organization [2000]). Als Indikator für die latente Variable Gesundheit diente der WHO die Outcome-Größe „disability-adjusted life expectancy (DALE)" (World Health Organization [2000], S. 150). Deutschland belegte bei diesem Indikator nur Rang 22 (vgl. Tabelle 2). Besser schnitten hier Frankreich (Rang 3) und Großbritannien (Rang 14) ab. Die USA landeten auf Platz 24. Die WHO konstruierte nun ein Effizienzmaß[19], bei dem Deutschland nur den Rang 41 belegte (vgl. Tabelle 2). Die USA rangierten hier abgeschlagen auf Rang 72 (vgl. Tabelle 2). Nach der Analyse der WHO hätte Deutschland als auch die USA mit den Ressourcen, die in das Gesundheitssystem geflossen sind, einen relativ weit höheren Output erzielen können. Nach dieser Analyse lag Oman bei der ökonomischen Effizienz an der Spitze, jedoch nicht beim Gesundheitsindikator DALE, wo es nur den 72. Platz belegte (vgl. World Health Organization [2000], S. 153). Die Analyse der WHO zeigte: Der

---

[19] „Performance on the level of health is defined as the ratio between achieved levels of health and the levels of health that could be achieved by the most efficient health system" (World Health Organization [2000], S. 150).

Gesundheitszustand der Bevölkerung in Oman war in Relation zu Deutschland oder den USA bedeutend schlechter. Jedoch: die wenigen Ressourcen, die in Oman in das Gesundheitssystem flossen, wurden effizienter eingesetzt als in Deutschland und den USA. Oman müsste, um den Gesundheitszustand seiner Bevölkerung anzuheben, mehr Ressourcen in sein Gesundheitssystem leiten. Deutschland und die USA könnten den Gesundheitszustand ihrer Bevölkerung schon dadurch verbessern, dass sie Effizienzreserven heben.

Land	Gesundheitszustand (DALE)	Effizienz der Gesundheitsleistung
Frankreich	3	4
Großbritannien	14	24
Deutschland	22	41
USA	24	72
Oman	72	1

Tab. 2: Ranking der Leistung der Gesundheitssysteme (Schätzungen für das Jahr 1997). Quelle: Zusammengestellt aus: World Health Organization [2000], S. 152 ff.

Die WHO hat das Benchmarking von Gesundheitssystemen nach ihrer Effizienz auch aufgrund zahlreicher kritischer Anmerkungen bezüglich der empirischen Vorgehensweise[20] über Jahre hinweg nicht mehr weiter verfolgt (vgl. Journard/André/Nicq [2010], S. 82).

Afonso/St. Aubin [2006] und Journard u.a. [2008] (S. 34 ff.) haben die Effizienz von Gesundheitssystemen mit Hilfe einer Data-Envelopment-Analysis (DEA) untersucht. Bei der DEA wird eine sogenannte Effizienzgrenze konstruiert. Alle Abweichungen von dieser Effizienzgrenze werden als Ineffizienzen definiert. Die DEA stellt eine Alternative zur ökonometrischen Schätzung einer Produktionsgrenze (Frontier Production Function) dar (vgl. Kennedy [1998], S. 115). Die Grundidee der DEA soll anhand eines Inputs (hier: Gesundheitsausgaben pro Kopf) und anhand eines Outputs (hier: Lebenserwartung ab Geburt) von 32

---

[20] Zur konkreten Kritik am Ansatz der WHO siehe Wente/Vauth [2003], S. 22 ff.

Länder der OECD[21] illustriert werden.[22] Die 32 Staaten stellen die sogenannten Entscheidungseinheiten (DMUs) dar. Die Produktivität für jedes der 32 Länder ergibt sich für das Fallbeispiel nach der Formel:

$$\text{Produktivität} = \frac{\text{Lebenserwartung}}{\text{Gesundheitsausgaben pro Kopf (in US \$ KKP)}}$$

Die Effizienz im Sinne eines Produktivitätsvergleichs zwischen den Ländern ergibt sich, indem man die beobachtet Produktivität eines Landes zur höchsten beobachteten Produktivität ins Verhältnis setzt.

$$\text{relative Effizienz} = \frac{\text{beobachtete Produktivität}}{\text{höchste beobachtete Produktivität}}$$

Tabelle 3 gibt die Ergebnisse der entsprechenden Berechnungen wieder. Die Türkei weist das höchste Produktivitätsmaß mit einem Wert von 0,0957 aus. Die relative Effizienz für die Türkei ist somit 1. Alle anderen Länder liegen darunter. Deutschland belegt im Vergleich Rang 26 mit einer relativen Effizienz von 0,231. Die grafische Darstellung der Input-Output-Beziehungen für die 32 Länder zeigt Abbildung 9.[23] Im Schaubild ist auch die Effizienzgrenze sowie die Input- und Output-Ineffizienz dargestellt (vgl. Jourmard u. a. [2008], S. 36).

---

[21] Die Daten beziehen sich auf das Jahr 2007. Die Gesundheitsausgaben pro Kopf sind in US-Dollar Kaufkraftparitäten (US$ KKP) angegeben. Datenquelle: OECD [2010].

[22] Vgl. zur Darstellungsweise Stepan/Sommersguter-Reichmann[2005], S. 3 ff. Das Fallbeispiel dient nur zu Illustration des Verfahrens und soll keine ernsthafte empirische Analyse darstellen.

[23] Die Ordinate beginnt bei der Lebenserwartung von 72 Jahren und nicht bei 0 Jahren.

Priorisierung und Rationierung im Gesundheitswesen 49

Land	Lebenserwartung	Ausgaben pro Kopf in US $ KKP	Produktivität	relative Effizienz	Rang
Turkey	73,4	767	0,0957	1,0000	1
Mexico	75,0	824	0,0910	0,9511	2
Chile	78,6	865	0,0909	0,9495	3
Poland	75,4	1049	0,0719	0,7511	4
Estonia	72,9	1094	0,0666	0,6963	5
Hungary	73,3	1395	0,0525	0,5491	6
Czech Republic	77,0	1621	0,0475	0,4964	7
Slovak Republic	74,3	1569	0,0474	0,4948	8
Korea	79,4	1685	0,0471	0,4924	9
Slovenia	78,2	2077	0,0377	0,3934	10
Israel	80,6	2152	0,0375	0,3914	11
New Zealand	80,2	2471	0,0325	0,3392	12
Spain	81,1	2658	0,0305	0,3188	13
Japan	82,6	2729	0,0303	0,3163	14
Italy	81,5	2701	0,0302	0,3153	15
Greece	79,5	2687	0,0296	0,3092	16
Finland	79,5	2900	0,0274	0,2865	17
United Kingdom	79,7	2990	0,0267	0,2785	18
Iceland	81,2	3320	0,0245	0,2556	19
Australia	81,4	3353	0,0243	0,2537	20
Sweden	81,0	3349	0,0242	0,2527	21
Ireland	79,7	3361	0,0237	0,2478	22
Belgium	79,8	3452	0,0231	0,2416	23
France	80,9	3593	0,0225	0,2353	24
Denmark	78,4	3540	0,0221	0,2314	25
Germany	80,0	3619	0,0221	0,2310	26
Austria	80,3	3792	0,0212	0,2213	27
Canada	80,7	3867	0,0209	0,2181	28
Netherlands	80,2	3844	0,0209	0,2180	29
Switzerland	81,9	4469	0,0183	0,1915	30
Norway	80,5	4791	0,0157	0,1645	31
United States	77,9	7285	0,0107	0,1117	32

Tab. 3: Input, Output, Produktivität und relative Effizienz für das Fallbeispiel.
Quelle: OECD [2010] sowie eigene Berechnungen.

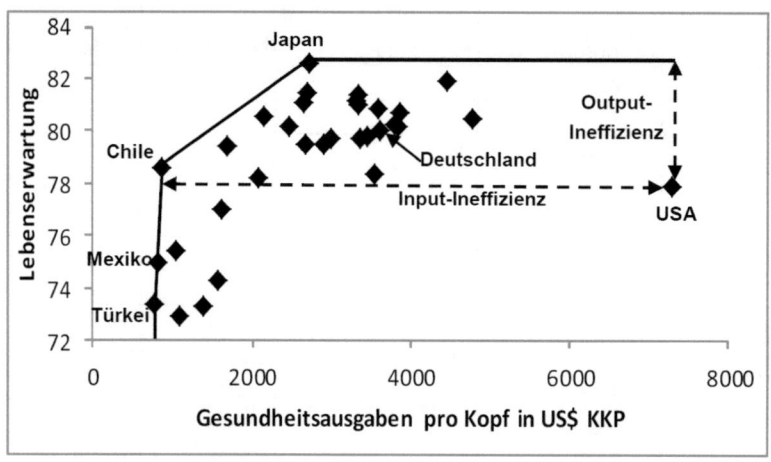

Abb. 9: Input-Output-Beziehung sowie Effizienzlinie für das Fallbeispiel.
Anmerkung: Die Abszisse beginnt bei einer Lebenserwartung von 72 Jahren und nicht bei 0 Jahren. Quelle: Tabelle 3 sowie eigene Darstellung.

Unter der Prämisse, dass variable und nicht-steigende Skalenerträge vorliegen, erhält man die Effizienzgrenze für das Fallbeispiel, indem der Punkt für die Türkei mit dem von Mexiko und Japan verbunden wird und man anschließend die Effizienzgrenze parallel zur Abszisse verlaufen lässt (vgl. Jourmard u.a. [2008], S. 36 und Stepan/Sommersguter-Reichmann [2005], S 20).[24] Alle Länder unterhalb der Effizienzgrenze produzieren ineffizient. Betrachten wir z.B. die USA: Sie könnten bei gegebenen Gesundheitsausgaben pro Kopf (in US$ KKP) von 7.285 $ einen um 4,7 Jahre höhere Lebenserwartung erreichen (vgl. Abbildung 9). Dies wird als Output-Ineffizienz bezeichnet (vgl. Jourmard u.a. [2008], S. 36). Die USA könnten aber auch die gegebene Lebenserwartung von 77,9 Jahren mit viel geringeren Gesundheitsausgaben pro Kopf von 857 $ erzielen (vgl. Abbildung 9). Dies wird als Input-Ineffizienz bezeichnet (vgl. Jourmard u.a. [2008], S. 36). Die Output-Ineffizienz im Beispiel beträgt für Deutschland 2,6 Jahre, d.h. mit dem Input von 3.619 $ hätte ein um 2,6 Jahre höhere Lebenserwartung erreicht werden können. Die entsprechende Input-Ineffizienz

---

[24] Unter der Prämisse konstanter Skalenerträge würde die Effizienzgrenze der Fahrstrahl aus dem Ursprung durch den Punkt für die Türkei darstellen (vgl. Stepan/Sommersguter-Reichmann [2005], S. 19).

beträgt für Deutschland 2.102 $ (3.169 $ – 1.517 $), d.h. die Lebenserwartung von 80 Jahren hätte man bei effizienter Produktion auch mit Gesundheitsausgaben pro Kopf von 1.517 $ erzielen können.

Die DEA kann auf mehrere In- und Outputs erweitert werden (vgl. Stepan/ Sommersguter-Reichmann [2005], S. 6 ff.). Empirische Effizienzanalysen anhand von DEAs beziehen in der Regel mehrere Inputs ein.

Afonso/St. Aubyn [2006] arbeiten zur Bestimmung der Effizienz von Gesundheitssystemen mit drei Inputs[25] und einem Output.[26] Deutschland belegt beim Effizienzvergleich Rang 14 von 22 Ländern, und hat eine Output-Ineffizienz von 28 %. Es hätte somit bei gleichen Inputmengen einen um 28 % höheren Output erzielen können (vgl. Afonso/St. Aubyn [2006], S. 27, Tabelle 5). Aus Sicht der Input-Ineffizienz hätte der gleiche Output mit geringeren Inputmengen erreicht werden können. In Deutschland werden somit zu viele Ärzte, Krankenschwestern, Krankenhausbetten und MRTs eingesetzt, um den gegebenen Output zu erzeugen. Dies spricht für eine Überversorgung mit diesen Inputfaktoren. Wird die ursprüngliche DEA um die Größen BIP/Kopf, Ausbildung, Fettleibigkeit und Tabakkonsum korrigiert, dann belegt Deutschland Rang 10 von 19 Ländern und die Output-Ineffizienz liegt bei 22,2 % (vgl. Afonso/St. Aubyn [2006], S. 31, Tabelle 9).

Bei Jourmard u.a. [2008] stellt der Output für die DEA die Variable Lebenserwartung dar. Bei der sogenannten Kosteneffizienz (cost efficiency) dienen als Inputfaktoren die Gesundheitsausgaben pro Kopf, der Pro-Kopf-Verbrauch an Gemüse und Obst (als Indikator für den Lebensstil) und ein sozioökonomischer Index (vgl. Jourmard u.a. [2008], S. 36). Bei der sogenannten technischen Effi-

---

[25] Die drei Inputs sind die ersten drei Hauptkomponenten einer Hauptkomponentenanalyse (zur Hauptkomponentenanalyse siehe Überla [1977], S. 93 ff.) für folgende vier Inputvariablen: Ärzte, Krankenschwestern, Krankenbetten und Anzahl der Magnetresonanz-Tomographen (MRTs) (vgl. Afonso/St. Aubyn [2006], S. 12). Die drei Hauptkomponenten erklären zusammen 88,45 % der Varianz der vier Gesundheitsindikatoren (vgl. Afonso/St. Aubyn [2006], S. 12 sowie S. 25 Tabelle 3).

[26] Der Output ist die erste Hauptkomponente einer Hauptkomponentenanalyse für folgende drei Output Indikatoren: Lebenserwartung, Säuglingsüberlebensrate, potenziell nicht verlorene Lebensjahre (vgl. Afonso/St. Aubyn [2006], S. 12). Die erste Hauptkomponente erklärt 83,85 % der Varianz der drei Output Indikatoren (vgl. Afonso/St. Aubyn [2006], S. 12 sowie S. 25 Tabelle 3).

zienz (technical efficiency) wird der Inputfaktor Pro-Kopf-Gesundheitsausgaben durch die Zahl der Beschäftigten im Gesundheitsbereich ersetzt (vgl. Jourmard u. a. [2008], S. 36f. und S. 70f.).

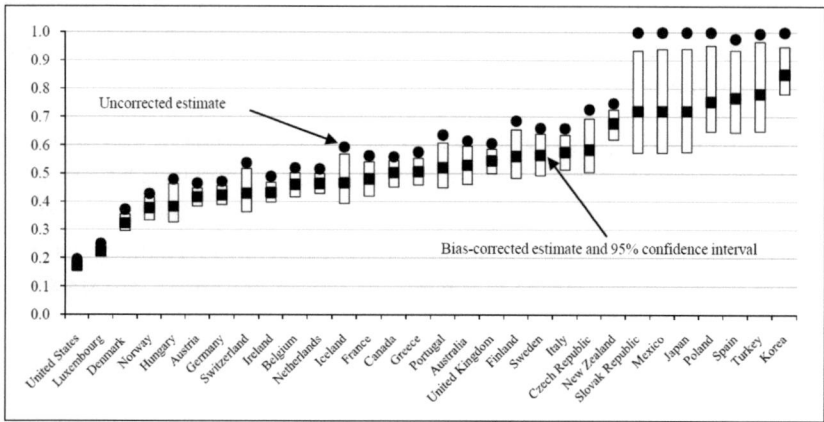

Abb. 10: Ergebnis der DEA: Kosten-Effizienz. Quelle: Jourmard u. a. [2008], S. 70.

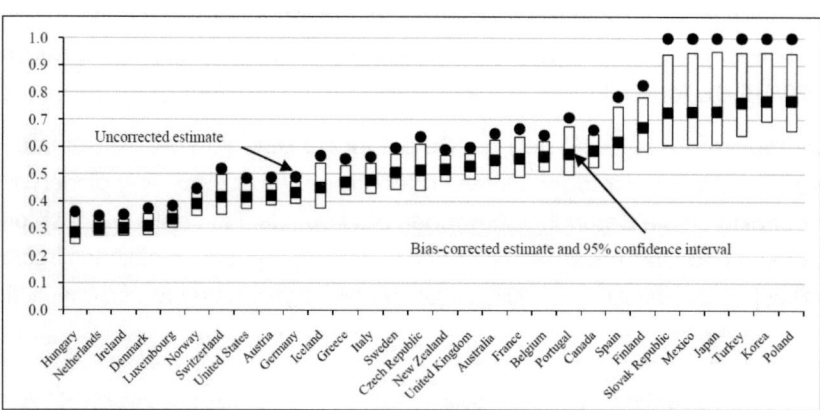

Abb. 11: Ergebnis der DEA: Technische Effizienz. Quelle: Jourmard u. a. [2008]: S. 70.

Bei der Kosten-Effizienz belegt Deutschland Rang 25 und bei der technischen Effizienz Rang 21 unter 30 Ländern (vgl. Abbildungen 10 und 11). Auch diese DEAs weisen für das deutsche Gesundheitssystem auf erhebliche Ineffizienzen hin.

Jourmard u. a. [2008] haben die Ineffizienz von Gesundheitssystemen auch mit einem Panel-Regressionsmodell mit festen Effekten untersucht.[27] Die erklärenden Größen (exogene Größen) der Regression sind (vgl. Jourmard u. a. [2008], S. 19 f.):

- die Gesundheitsausgaben pro Kopf/alternativ: die Beschäftigen im Gesundheitswesen,
- das Bruttoinlandsprodukt pro Kopf und
- die Lebensstil- und Umweltvariablen (Tabak- und Alkoholkonsum pro Kopf, Konsum von Obst und Gemüse pro Kopf, Emission von Stickoxiden (NOx) und Anteil der 25- bis 64-Jährigen mit mindestens mittlerem Bildungsabschluss).

Die zu erklärenden Variablen der Regression (endogene Variablen) sind (vgl. Jourmard u. a. [2008]:

- die Lebenserwartung ab Geburt für Frauen und Männer,
- die fernere Lebenserwartung ab dem 65. Lebensjahr für Frauen und Männer,
- die vorzeitige Sterblichkeit für Frauen und Männer und
- die Säuglingssterblichkeit.

Die Ineffizienz wird anhand des Residuums, also anhand jener Größe, die durch das Regressionsmodell nicht erklärt werden kann, und anhand des länderspezifischen festen Effekts (als Abweichung vom Durchschnitt) gemessen (vgl. Jourmard u. a. [2008], S. 34). Über das Residuum wird somit die nichterklärte Varianz der Regression allein der Ineffizienz zugeschrieben.[28] Abbildung 12 beschreibt die Ergebnisse für unterschiedliche Gesundheitsressourcen. Für jedes Land zeigt das Schaubild die Abweichung zwischen der aktuel-

---

[27] Zum Panel-Regressionsmodell mit festen Effekten siehe Baltagi [1995], S.10 ff. und Eckey/ Kosfeld/Dreger [2001], S. 275 ff.

[28] Dies ist eine „heroische" Annahme, da das Residuum alle Effekte widerspiegelt, die durch das Modell nicht erklärt werden können, und somit nicht nur den Effekt der (In-) Effizienz. Auch dürften die länderspezifischen fixen Effekte nicht die unterschiedlichen Effizienzen der Länder wiedergeben.

len Lebenserwartung ab Geburt und der durch das Modell berechneten Lebenserwartung (vgl. Jourmard u. a. [2008], S. 33). Für Deutschland liegt die aktuelle Lebenserwartung etwa ein Jahr unter der Lebenserwartung, die anhand des Modells errechnet wird, wenn die Gesundheitsresourcen durch die Gesundheitsausgaben pro Kopf approximiert werden (vgl. Abb. 12, oberes Schaubild). Werden die Gesundheitsressourcen durch die Beschäftigten im Gesundheitswesen angenähert, dann liegt die beobachtete Lebenserwartung nur knapp unter der mit dem Modell prognostizierten Lebenserwartung (vgl. Abb. 12).

Die internationalen Vergleiche verdeutlichen, dass das deutsche Gesundheitssystem ineffizient ist: es liegt eine Überversorgung in dem Sinne vor, dass der gegebene Gesundheitsoutput mit geringeren Mitteln bzw. Ressourcen erstellt werden könnte. Im deutschen Gesundheitswesen existieren somit Rationalisierungsreserven, die zu heben sind. Auch wenn alle Rationalisierungsreserven im Gesundheitswesen ausgeschöpft sind, werden die knappen Ressourcen nicht ausreichen, um alle Wünsche im Gesundheitsbereich erfüllen zu können. Eine Effizienzsteigerung wird die Notwendigkeit der Rationierung im Gesundheitswesen nicht beseitigen können (vgl. Smith [2008], S. 274f.).

Priorisierung und Rationierung im Gesundheitswesen 55

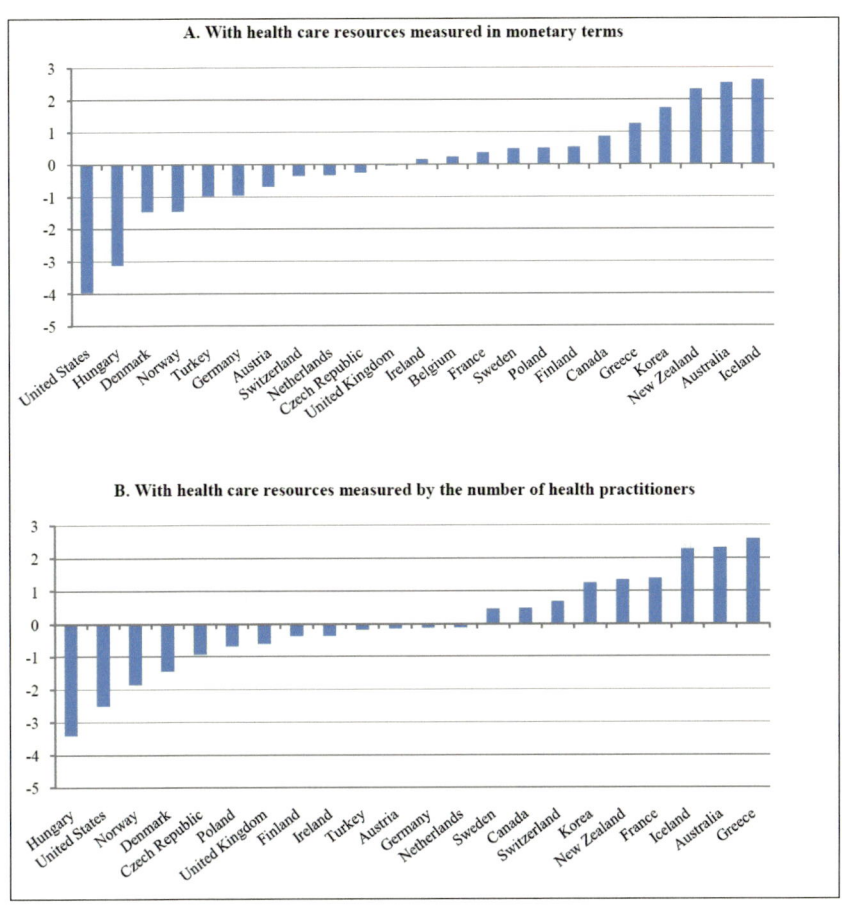

Abb. 12: Panel Regressionen: Durch das Modell nicht-erklärte Lebensjahre.
Quelle: Journard u. a. [2008]: S. 34.

4. Rationierung und Priorisierung

Unter Rationierung versteht man „das (vorübergehende oder dauerhafte) Vorenthalten medizinisch notwendiger oder wenigstens nützlicher Leistungen aus Knappheitsgründen" (Zentrale Ethikkommission [2007], S. 3). Die Rationierung kann offen oder verborgen erfolgen. Offene Rationierung liegt vor, wenn die Rationierung transparent erfolgt, d. h. die Rationierungskriterien öffentlich bekannt und dem Patienten mitgeteilt werden. Bei verdeckter Rationierung erfolgen die Leistungseinschränkungen hingegen nicht transparent (vgl. Deutscher Ethikrat [2011] S. 13). Das Hauptargument gegen offene Rationierung lautet: „Es ist unmöglich, die Frage der Rationierung moralisch und methodisch zur Zufriedenheit aller zu lösen. Der Versuch der Offenheit wird das Vertrauen in die Ärzte und die Gesundheitseinrichtungen zerstören" (Smith [2008], S. 275). Die Menschen wünschen sich aber keine verborgene Entscheidung, wie eine Umfrage verdeutlicht (vgl. Johannßen [2009]). Abbildung 13 zeigt, dass über 59 % der Befragten (ab 14 Jahren) sich eine offene Rationierung wünschen, wobei der Anteil bei den Frauen (62 %) höher liegt als bei den Männern (56 %) (vgl. Johannßen [2009], S. 6).

Von harter Rationierung spricht man, wenn in einem obligatorischen über Steuern und/oder Beiträgen finanzierten Gesundheitssystem ein Versorgungsniveau festgeschrieben wird, das durch privat finanzierte Zukäufe von Gesundheitsleistungen nicht überschritten werden darf. Bei weicher Rationierung ist hingegen ein Zukauf von zusätzlichen Leistungen „aus eigener Tasche" gestattet (vgl. Deutscher Ethikrat [2011], S. 12). In der Regel liegt weiche Rationierung vor. „Nur diese ist mit dem Prinzip einer freien Gesellschaft und entsprechend mit dem deutschen Verfassungsrecht vereinbar" (Deutscher Ethikrat [2011], 12).

Priorisierung und Rationierung im Gesundheitswesen

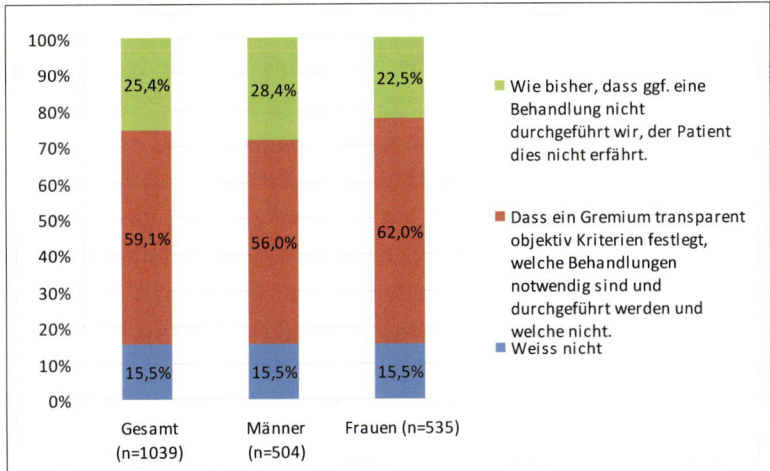

Abb. 13: Welche der beiden Möglichkeiten Einsparungen vorzunehmen finden Sie persönlich besser? Quelle: Johannßen [2009], S. 6.

Bei der direkten Rationierung wird die Verfügbarkeit von bestimmten Leistungen für Patienten oder Patientengruppen innerhalb der solidarisch finanzierten Krankenversicherung eingeschränkt. Diese Art der Rationierung findet oberhalb der Arzt-Patienten-Beziehung statt („Makroebene"). Maßnahmen sind z. B. Begrenzungen des Leistungskatalogs, Vorgabe von bestimmten Leistungsstandards oder Kapazitätsentscheidungen. Bei der indirekten Rationierung erfolgt hingegen die Rationierung über Budgets oder andere vergleichbare Maßnahmen. Hier entscheiden meistens die Ärzte, wem bestimmte Leistungen vorenthalten werden (vgl. Deutscher Ethikrat [2011], S. 13). Diese Art der Rationierung findet somit eher auf der „Mikroebene" statt.

Eine weitere wichtige Unterscheidung ist die zwischen primärer und sekundärer Rationierung. Bei der sekundären Rationierung geht es um die Lebensjahre bzw. die Überlebenswahrscheinlichkeit einer ganz konkreten Person, die durch das Vorenthalten individueller Gesundheitsleistungen beeinflusst wird. Bei der primären Rationierung betrachtet man hingegen sogenannte „statistische Leben", d. h. die Überlebenswahrscheinlichkeit einer bestimmten Population (vgl. Childress [1999], S. 316). Die einzelnen Personen der Population, d. h. die von der Maßnahme betroffenen Personen, sind anonym bzw. nicht bekannt. Bei der primären Rationierung geht es u. a. um die Festlegung von Kapazitäten, z.B. um die zusätzliche Schaffung von Krankenhauskapazitäten für Schwerstbrandverletzte oder die zusätzliche Stationierung von Rettungshubschraubern (vgl. Boldt/Krämer [2008], S. 101 f.). In der Regel sind wir dazu bereit, für die Rettung ganz konkreter Menschenleben viel Geld auszugeben. Man denke etwa an die Rettung der 33 am 5. August 2010 verschütteten chilenischen Minenarbeiter in der Kupfer- und Goldmine San José, die nach über zwei Monaten über einen Rettungsschacht mit Hilfe einer Rettungskapsel gerettet wurden.[29] Dieser sogenannte „Rettungsbonus" (Hope [2008], S. 39), der dem konkreten Menschenleben zugebilligt wird, führt oft zur Diskriminierung der „statistischen Leben". Man sollte aber auf die gleiche Art und Weise reagieren, wenn wir nur statistisch erfasste Todesfälle versuchen zu verhindern, denn auch hier sterben Menschen, deren Gesichter und Lebensgeschichte wir zwar nicht kennen, aber auch bei diesen Todesfällen gibt es Hinterbliebene, die um ihre Verstorbenen trauern (vgl. Boldt/Krämer [2008], S. 101 f., Childress [1999], S. 314 ff. und Hope [2008]; S. 39 ff.).[30] Fazit: Die Rationierung sollte möglichst direkt und primär erfolgen (vgl. Rothgang [2009], Folie 6).

Unter Priorisierung versteht man „... die ausdrückliche Feststellung einer Vorrangigkeit bestimmter Untersuchungs- und Behandlungsmethoden vor anderen. ... Grundsätzlich führt Priorisierung zu einer mehrstufigen Rangreihe. An deren oberen Ende steht, was nach Datenlage und fachlichem wie öffentlichem Konsens als unverzichtbar bzw. wichtig erscheint, am Ende das, was wirkungslos ist bzw. mehr schadet als nützt" (Zentrale Ethikkommission [2007], S. 3, vgl. Deutscher Ethikrat [2011], S. 13f.). Wie oben schon angesprochen, gibt es im Schlaraffenland alles im Überfluss. Dies gilt auch für medizinische Untersuchungs- und Behandlungsmethoden. Damit erübrigt sich im Schlaraffenland eine Priorisierung, da alles was gewünscht wird, auch sofort erfüllt werden kann. Im Schlaraffenland ist somit eine „ausdrückliche Feststellung einer Vorrangigkeit bestimmter Untersuchungs- und Behandlungsmethoden

---

[29] Nach Aussage des chilenischen Präsidenten hat die Rettungsaktion 7 bis 14 Millionen Euro gekostet (vgl. ZEIT ONLINE [2010a]. Pro Verschütteten wurden somit zwischen 212 bis 424 Tausend € aufgewendet. Eine Chronologie der Rettungsaktion findet man bei ZEIT ONLINE [2010b].

[30] Auch bei der Prävention geht es um die Rettung statistischer Leben, während es bei der Kuration eher um die Rettung konkreter Leben geht. Aus diesem Grund sind wir bereit für Kuration viel Geld auszugeben aber nicht für Prävention.

vor anderen" (Zentrale Ethikkommission [2007], S. 3) vollkommen unnötig. Nun leben wir aber nicht im Schlaraffenland, da die Ressourcen begrenzt sind, so dass nicht alles grundsätzlich (medizinisch) Machbare auch erbracht werden kann. Erst das Knappheitsproblem lässt die Reihung der Untersuchungs- und Behandlungsmethoden nach Prioritäten als sinnvoll erscheinen. Knappheit bedeutet aber auch, dass (medizinische) Leistungen rationiert werden müssen. Das Scharnier zwischen Priorisierung und Rationierung bildet somit das Problem der Knappheit. Da nicht alle Leistungen auf der Prioritätenliste aufgrund der Ressourcenknappheit (sofort) erfüllbar sind, dient sie als Instrument für Rationierung von Leistungen, d.h. wenn man priorisiert, hat man auch die Absicht zu rationieren, ansonsten wäre eine Priorisierung unsinnig und würde eine unnötige Verschwendung von Ressourcen darstellen. Die Aussage „Priorisierung als solche führt nicht zwangsläufig zu Rationierung" der Zentralen Ethikkommission ([2007], S. 3) ist m. E. daher realitätsfremd.

Wo auf der Prioritätenliste die Grenze zwischen den Leistungen gezogen wird, die noch vom Solidarsystem finanziert werden und die nicht mehr übernommen werden, hängt von den Opportunitätskosten ab, die die Gesellschaft noch bereit ist, für das Gesundheitssystem zu tragen.

5. Notwendigkeit der Rationierung aus wohlfahrtstheoretischer Sicht

Aufgrund der Knappheit der Ressourcen ist aus wohlfahrtstheoretischer Sicht eine Rationierung unumgänglich. Dies soll hier kurz mit Hilfe des mikroökonomischen „Baukastens" erläutert werden.

Man geht von folgenden Prämissen aus:

- „Der Mensch richte seine Handlungen so ein, dass die Summe seines Lebensgenusses ein Größtes werde" (Gossen [1854], S. 3). Dies bedeutet: Im Gesundheitsbereich sollen die gegebenen Ressourcen so eingesetzt werden, dass der hieraus fließende Nutzen maximal wird (Annahme der Nutzenmaximierung).

- Auch im Gesundheitsbereich soll das Gesetz des abnehmenden Grenznutzens (1. Gossen'sche Gesetz) gelten: „Die Größe eines und desselben Genusses nimmt, wenn wir mit der Bereitung des Genusses ununterbrochen fortfahren, fortwährend ab, bis zuletzt Sättigung eintritt" (Gossen [1854], S. 4f.). Die Sättigungsmenge ist dann erreicht, wenn der Konsum einer zusätzlichen Einheit eines Gutes keinen zusätzlichen Nutzen mehr stiftet, d.h. der Grenznutzen null beträgt. Dies bedeutet: Man kann die Gesundheitsausgaben immer weiter ausdehnen, es wird aber einmal eine Grenze erreicht werden, ab der man hierzu nicht mehr bereit ist, da andere Güter bzw. Dinge wichtiger werden als die Gesundheit.
- Aufgrund der Knappheit reichen die Ressourcen nicht aus, um alle Bedürfnisse zu erfüllen. Eine Zufuhr von Ressourcen bis zur Sättigungsmenge in allen Verwendungsbereichen ist somit nicht möglich.

Die Bedingung für ein Nutzenmaximum unter den obigen Annahmen liefert das Gesetz vom Ausgleich des Grenznutzens (2. Gossen'sches Gesetz): „Der Mensch, dem die Wahl zwischen mehreren Genüssen freisteht, dessen Zeit aber nicht ausreicht, alle voll aus zu bereiten, muss, wie verschieden auch die absolute Größe der einzelnen Genüsse sein mag, um die Summe seines Genusses zum Größten zu bringen, bevor er auch nur den größten sich vollends bereitet, sie alle teilweise bereiten, und zwar in einem solchen Verhältnis, dass die Größte eines jeden Genusses in dem Augenblick, in welchem seine Bereitung abgebrochen wird, bei allen noch die gleiche bleibt" (Gossen [1854], S. 12). Die Ressourcen im Gesundheitsbereich sollen so aufgeteilt werden, dass der Grenznutzen der letzten eingesetzten Geldeinheit bei jeder Verwendung gleich groß ist.

Aufgrund des 2. Gossen'schen Gesetzes ist eine Ressourcenzufuhr bis zur Sättigungsmenge in einem Verwendungsbereich nur dann optimal, wenn dies auch in allen anderen Verwendungsbereichen möglich wäre. Dann würden aber alle Bedürfnisse erfüllt und somit im Widerspruch zur Annahme der Knappheit stehen. Dies bedeutet: die Abwesenheit von Rationierung im Gesundheitswesen ist nicht mit der Annahme der Nutzenmaximierung vereinbar. Aus wohlfahrtstheoretischer Sicht ist Rationierung bei Knappheit notwendig (vgl. Rothgang [2009], Folie 8f.).

6. Kosten-Nutzen-Bewertung von Gesundheitsleistungen

Wenn aufgrund der Begrenztheit der Ressourcen Rationierung notwendig ist, dann taucht die Frage auf: Wie soll rationiert werden? Mit dem Begriff der Kosteneffektivität liefert die Gesundheitsökonomie einen wesentlichen Beitrag zur Beantwortung dieser Frage. Mit den Verfahren der gesundheitsökonomischen Evaluation (vgl. Abbildung 14)[31] kann die Kosteneffektivität operationalisiert und berechnet werden. Die Knappheit erfordert, dass jede Geldeinheit, die im Gesundheitswesen ausgegeben wird, in jenem Bereich verwendet wird, wo sie den größten Nutzen stiftet. Es reicht also nicht aus, nur den reinen medizinischen Nutzen einer Maßnahme zur Beurteilung heranzuziehen, d. h. nach der sogenannte Effektivität einer Maßnahme zu fragen. Notwendig ist, dem Ergebnis der Maßnahme die Kosten gegenüberzustellen, d. h. die Effizienz der Maßnahme zu beurteilen (vgl. Schöffski [2007a], S. 5).

Gesundheitsökonomische Evaluationen						
nicht-vergleichend		vergleichend				
Kosten-Analyse (cost-analysis, cost identification analysis)	Krankheitskosten-Analyse (cost-of-illness analysis)	Kosten-Kosten-Analyse (cost-cost analysis)	Kosten-Nutzen-Analyse (cost-benefit analysis)	Kosten-Wirksamkeits-Analyse (cost-effectiveness analysis)	Kosten-Nutzwert-Analyse (cost-utility analysis)
Kostenbetrachtung		Effizienzbetrachtung				

Abb. 14: Systematik gesundheitsökonomischer Evaluationsverfahren.
Quelle: Schöffski [2007b], S. 66 sowie eigene Darstellung.

Hier soll nur kurz auf die drei Verfahren eingegangen werden, die der Effizienzbetrachtung dienen. Die (direkten und indirekten) Kosten werden grund-

---

[31] Die Verfahren der gesundheitsökonomischen Evaluation werden ausführlich dargestellt in Drummond u. a. [2005] sowie Schöffski/Schulenburg [2007].

sätzlich in Geldeinheiten gemessen.[32] Der Ressourcenverzehr, der unmittelbar mit einer medizinischen Maßnahme zusammenhängt, wird als direkte Kosten bezeichnet (z. B. Arbeitseinsatz des medizinischen Personals, Medikamente, bildgebende Verfahren usw.). Indirekte Kosten stellen hingegen keinen direkten Ressourcenverbrauch aufgrund einer medizinischen Maßnahme dar, sondern sie sind jene Kosten, die aufgrund des Arbeitsausfalls aufgrund von Arbeitsunfähigkeit wegen Krankheit auftreten. Diese Kosten werden durch den Produktionsausfall gemessen, der temporär oder dauerhaft (Erwerbsunfähigkeit, Tod) sein kann (vgl. Büscher/Gerber [2010], S. 66 ff.; Greiner [2007], S. 53 ff.).[33] Der Nutzen, der unmittelbar mit der medizinischen Leistung gestiftet wird, nennt man direkten Nutzen. Beispiele hierfür sind u. a. die Schienung eines Knochenbruchs oder die Senkung eines zu hohen Blutdrucks durch ein Medikament und die jeweils hiermit verbundene Herstellung oder Verbesserung des Gesundheitszustandes. Indirekte Nutzen sind jene Nutzen, die nur mittelbar durch die medizinische Leistung verursacht werden und sich etwa in einer erhöhten Produktivität widerspiegeln (vgl. Greiner [2007], S. 53 ff.).

Die drei vergleichenden Verfahren unterscheiden sich in der Messung der Nutzen medizinischer Maßnahmen. In der Kosten-Nutzen-Analyse (cost-benefit analysis) werden die Nutzen, die aufgrund medizinischer Maßnahmen auftreten, in Geldeinheiten gemessen. Nutzen und Kosten werden somit in der gleichen Einheit erfasst und sind somit direkt miteinander vergleichbar. Das Problem ist, dass man hier, wenn sich aufgrund der medizinischen Maßnahme die Mortalität und/oder Morbidität verändert, einem menschlichen Lebensjahr einen bestimmten Geldbetrag zuordnen muss. Das ist in der Öffentlichkeit sehr umstritten (vgl. Schöffski [2007a], S. 82). Ein Ansatz zur monetären Nutzenmessung in der gesundheitsökonomischen Evaluation stellt der Zahlungsbereit-

---

[32] Neben den tangiblen Kosten gibt es auch noch intangible, d. h. nicht monetär bewertbare (direkte und indirekte) Kosten wie z. B. Schmerzen, die bei einer Behandlung auftreten können oder z. B. die Einbuße an Lebensqualität wegen der Ansteckungsgefahr (vgl. Greiner [2007], S. 51 ff.)

[33] Zur Bestimmung der indirekten Kosten wird der Humankapitalansatz oder die Friktionskostenmethode verwendet, die aus ethischen Gründen sehr umstritten sind, da Personen, die nicht erwerbstätig sind und somit nicht zur Produktion beitragen, gegenüber erwerbstätige Personen benachteiligt werden (vgl. Greiner [2007], S. 55 ff.).

schaftsansatz dar (vgl. Breyer/Zweifel/Kifmann [2005], S. 41 ff.; Drummond u. a. [2005], S. 223 ff.; Schöffski [2007c], S. 370 ff.).

In der Kosten-Wirksamkeits-Analyse (cost-effective-analysis) werden die Nutzen in gleichen physischen Einheiten gemessen (z. B. in mm Hg gesenkter Blutdruck, gerettete Lebensjahre). Hier fällt also das Problem, das in der cost-benefit analysis auftritt, Nutzen monetär bewerten zu müssen, weg. Dies erkauft man aber mit dem Problem, dass die Nutzen nicht direkt mit den Kosten verglichen werden können, da sie in unterschiedlichen Einheiten gemessen werden. Bei der Kosten-Wirksamkeits-Analyse setzt man den Nutzen in physischen Einheiten zu den Kosten in Geldeinheiten ins Verhältnis. Diese Relationen werden beim Vergleich von konkurrierenden Therapien (meistens Arzneimitteltherapien) innerhalb einer Indikation benutzt. Es ist dann jene Therapie vorzuziehen, die das günstigere Verhältnis besitzt (vgl. Schöffski [2007a], S. 83 f.).

In der Kosten-Nutzwert-Analyse (cost-utility-analysis) werden die Nutzen anhand von sogenannten Nutzwerten gemessen. Ein oft benutztes Nutzwertmaß sind die Quality-adjusted-life-years (QALYs). Das Konzept der Quality-adjusted-life-years wurde im Jahr 1968 erstmals durch Klarman u. a. in einer Studie zum chronischen Nierenversagen benutzt (vgl. Klarman/Francis/Rosenthal [1968]).[34] Beim QALY-Ansatz[35] geht man davon aus, dass sich das menschliche Leben anhand der beiden Dimensionen Restlebenserwartung (quantitative Komponente) und Lebensqualität (qualitative Komponente) beschreiben lässt. Die Lebensqualität wird durch die beiden Werte

1 = vollkommenen Gesundheit und

0 = Tod

normiert. Der Vorteil „vollständige Gesundheit" auf 1 zu normieren liegt darin, dass das hieraus resultierende QALY in Einheiten „perfekter Gesundheit" gemessen werden kann, d. h., dass ein in vollständiger Gesundheit verbrachtes Lebensjahr einem QALY entspricht. Ein halbes Jahr in vollständiger Gesundheit

---

[34] In dem Aufsatz von Klarman/Francis/Rosenthal wurde die Bezeichnung QALY noch nicht benutzt, sondern sie tritt erstmals im Jahr 1977 auf (vgl. Schöffski/Greiner [2007], S. 97).
[35] Zu den Ausführungen zu den QALYs vgl. Breyer/Zweifel/Kifmann [2005], S. 26 ff., Drummond u. a. [2005], S. 173 ff. sowie Schöffski/Greiner [2007], S. 95 ff.

beträgt dann 0,5 QALY und ein Jahr mit einem Lebensqualitätsgewicht von 0,5 entspricht 0,5 QALY. Die Normierung der Lebensqualität auf die Werte 0 und 1 bedeutet nicht, dass nicht auch Zustände vorliegen können, die schlechter als der Tod bewertet werden, d. h. mit Werten belegt werden, die unter 0 liegen.

Das QALY-Konzept wird in Abbildung 15 grafisch verdeutlicht. Auf der Abszisse ist die (Rest-)Lebenserwartung und auf der Ordinate die Lebensqualität abgetragen, in der die (Rest-)Lebenserwartung verbracht wird. Es werden zwei Therapien A (Nicht-Behandlung) und B (Behandlung) betrachtet, die zur gleichen (Rest-)Lebenserwartung führen. Die jeweiligen Flächen unter den beiden Kurven geben die QALYs der jeweiligen Therapie wieder. Therapie B führt zu mehr QALYs als Therapie A, d. h. Therapie B hat einen höheren Nutzwert als Therapie A.[36] Die Bewertung der Lebensqualität erfolgt beim QALY-Ansatz gemäß den Präferenzen der Individuen und hat kardinales Messniveau. Die Bewertungen der verschiedenen Gesundheitszustände gewinnt man über Befragungen.[37]

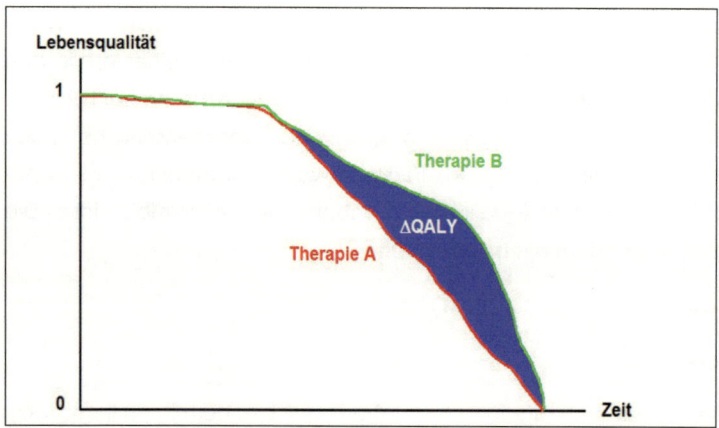

Abb. 15: Gewonnene QALYs durch Therapie A im Vergleich zu Therapie B.
Quelle: Eigene Darstellung.

---

[36] Die grafische Darstellungen weiterer möglicher QALY-Verläufe findet man in Schöffski/Greiner [2007], S. 98 ff. Hier ist insbesondere auch die Ermittlung der QALYs bei Lebenszeitverkürzung aber gleichzeitiger Verbesserung der Lebensqualität dargestellt (vgl. Schöffski/Greiner [2007], S. 104).

[37] Zu den unterschiedlichen Verfahren zur Messung von Präferenzen siehe Breyer/Zweifel/Kifmann [2005], S. 35 ff. sowie Drummond [2005], S. 147 ff.

Tabelle 4 zeigt Beispiele für die Bewertung unterschiedlicher Gesundheitszustände. Sie verdeutlicht u. a., dass die stationäre Behandlung einer Krankheit die Lebensqualität mehr reduziert als eine ambulante Behandlung der entsprechenden Krankheit.

Dauer	Gesundheitszustand	Anpassung
	Referenzstatus: perfekte Gesundheit	1,00
3 Monate	Tuberkulosebehandlung zu Hause	0,68
3 Monate	Ansteckende Krankheit, Behandlung zu Hause	0,65
3 Monate	Krankenhausdialyse	0,62
3 Monate	Tuberkulosebehandlung im Krankenhaus	0,60
3 Monate	Ansteckende Krankheit, Krankenhausbehandlung	0,56
3 Monate	Depression	0,44
3 Monate	Heimdialyse	0,65
8 Jahre	Verletzungsbedingte Brustamputation	0,63
8 Jahre	Nierentransplantation	0,58
8 Jahre	Krankenhausdialyse	0,56
8 Jahre	Brustamputation aufgrund eines Karzinoms	0,48
8 Jahre	ansteckende Krankheit, Krankenhausunterbringung	0,33
lebenslang	Heimdialyse	0,40
lebenslang	Krankenhausdialyse	0,32
lebenslang	ansteckende Krankheit, Krankenhausunterbringung	0,16
	Referenzstatus Tod	0,00

Tab. 4: Lebensqualität unterschiedlicher Gesundheitszustände. Quelle: Getzen [2004], S. 58, eigene Übersetzung (Originalquelle: Sackett, D. L./Torrance, G.W. [1978]: The Utility of Different Health States as Perceived by the General Public, in: Journal of Chronic Diseases, 31, no. 11, S. 697 – 704).

Beim QALY-Konzept geht es in den meisten Fällen darum, ob eine ganz bestimmte medizinische Technologie oder ein ganz bestimmtes medizinisches Verfahren überhaupt durch das Gesundheitssystem bereitgestellt wird, und nicht darum, ob ein bestimmter Patient die Technologie erhält oder nicht. Es geht also nicht um sekundäre Rationierung, sondern es sollen Allokationsentscheidungen innerhalb des Gesundheitssystems getroffen werden (vgl. Schöffski/Greiner [2007], S. 103). Die Kosten einer medizinischen Maßnahme können nun mit deren Nutzen verglichen werden, indem man die Kosten pro qualitätskorrigiertem Lebensjahr ermittelt. Bei Allokationsentscheidungen sind zunächst die Maßnahmen durchzuführen, die die geringsten Kosten pro QALY aufweisen.

7. Anwendung der Kosten-Nutzen-Bewertung zur Priorisierung und Rationierung

Anknüpfend an den QALY-Ansatz können sogenannte Hitlisten (League Tables) erstellt werden (vgl. Breyer/Zweifel/Kifmann [2005], S. 23; Drummond u. a. [2005], 326 ff.; Schöffski/Greiner [2007], 106 ff.). Die medizinischen Maßnahmen werden in eine Rangordnung gemäß den Kosten pro QALY gebracht. An erster Stelle der Liste steht die Maßnahme, die pro gewonnenem Lebensjahr die geringsten Kosten besitzt, und am Ende jene, welche die höchsten Kosten pro QALY hat. Ein Beispiel hierfür gibt Tabelle 5 wieder.[38] Der Cholestoroltest und die ausschließliche Diättherapie verursachen Kosten von 220 £ pro QALY während die Erythropoetin Behandlung bei Anämie von Dialysepatienten Kosten von 126.290 £ pro QALY verursacht (vgl. Tabelle 5).

---

[38] Eine neuere Tabelle findet man in Schöffski/Greiner [2007], S. 110 ff.

Priorisierung und Rationierung im Gesundheitswesen

	Kosten/QALY (£ August 1990)
Cholestoroltest und ausschließlich Diät (alle Erwachsene im Alter 40-69 Jahre)	220
Neurochirurgischer Eingriff bei einer Kopfverletzung	240
Rat des Hausarztes, das Rauchen einzustellen	270
Neurochirurgischer Eingriff bei subarachnoidale Hirnblutung	490
Anti-hypersensive Therapie zur Vermeidung eines Schlaganfalls (Alter 45-64)	940
Schrittmacherimplantation	1.100
Herzklappen-Ersatz bei einer Aorten Stenose	1.140
Hüftendoprothese	1.180
Cholestoroltest und anschließende Behandlung	1.480
Koronare Bypass-Operation (Links-Herzinsuffizienz, schwere Angina Pectoris)	2.090
Nierentransplantation	4.710
Brust-Krebsreihenuntersuchung	5.780
Herztransplantation	7.840
Kontrolle des Gesamt-Cholesterins aller Erwachsener im Alter von 25-39 Jahre	14.150
Heim-Dialyse	17.260
Koronare Bypass-Operation (leichte Angina pectoris mit Ein-Gefäß-Leiden)	18.830
Ambulante Peritoneal Dialyse	19.870
Krankenhaus-Hämodialyse	21.970
Erythropoietin Behandlung bei Anämie von Dialyse-Patienten (bei angenommener 10%iger Reduktion der Mortalität)	54.380
Neurochirurgischer Eingriff bei bösartigen intrakraniellen Tumoren	107.780
Erythropoietin Behandlung bei Anämie von Dialyse-Patienten (bei angenommener Konstanz der Mortalität)	126.290

Tab. 5: League Table der Kosten eines zusätzlichen QALYs für ausgewählte medizinische Behandlungen. Quelle: Drummond u. a. [2005], S. 327; Schöffski/ Greiner [2007], S. 107 (Originalquelle: Maynard, A. K. [1991], Developing the Health Care Market, in: Economic Journal, Vol. 101, S. 1284).

Die Hitliste kann als Hilfe bei Allokationsentscheidungen eingesetzt werden. Als Entscheidungshilfe kann sie die konkrete Entscheidung aber nicht vorwegnehmen (vgl. Wallner [2004], S. 177). Fließt eine zusätzliche Geldeinheit in das Gesundheitssystem, dann wäre mit der zusätzlichen Geldeinheit zunächst die Maßnahme durchzuführen, welche die geringsten Kosten pro QALY aufweist. Entscheidet man sich hingegen dafür, eine Maßnahme durchzuführen, die schlechter bewertet wird, dann gibt die Liste „Auskunft darüber, auf was man verzichtet, wenn man diese zusätzliche Geldeinheit nicht der effizientesten Verwendung zuführt" (Schöffski/Greiner [2007], S. 106). Es sollte auch nicht übersehen werden, dass die League Tables „eine Präzission und Genauigkeit vorspiegeln, die in den meisten Fällen nicht gegeben ist" (Schulenburg/ Greiner [2007], S. 227).

Der QALY-Ansatz fand Eingang in die Kosten-Effektivitäts-Analyse des NICE (National Institute for Health and Clinical Excellence) in Großbritannien. Die Aufgaben des NICE im britischen staatlichen Gesundheitssystem sind (vgl. Lüngen/Stock [2006], S. 252 ff):[39]

- Neue und bereits existierende Arzneimittel und medizinische Technologien zu prüfen und aufgrund der Bewertung von Kosten und Nutzen Empfehlungen über die Zulassung im Nationalen Gesundheitsdienst (National Health Service) zu geben,
- Entwicklung von klinischen evidenzbasierten Leitlinien und
- Entwicklung von Qualitätsstandards für die medizinische Versorgung.

Als Entscheidungshilfe für die Wirtschaftlichkeit einer neuen Maßnahme dient dem NICE das inkrementelle Kosten-Effektivitäts-Verhältnis (ICER) (vgl. National Institute for Health and Clinical Excellence [2009], S.89):

$$ICER = \frac{Zusätzliche\ Kosten}{gewonnene\ QALYs}$$

---

[39] Siehe auch auf der Homepage des NICE: http://www.nice.org.uk/aboutnice/

Priorisierung und Rationierung im Gesundheitswesen

Als Grenze für die Kosteneffektivität bzw. die Wirtschaftlichkeit einer Maßnahmen nennt das NICE einen Wert von 20.000 £ pro QALY (National Institute for Health and Clinical Excellence [2009], S. 89). Für Werte darüber bedarf die Kosteneffektivität besonderer Begründungen (vgl. Abbildung 16). Das NICE betont, dass eine Empfehlung für die Aufnahme oder Ablehnung einer Maßnahme in den Leistungskatalog des Nationalen Gesundheitsdienstes nicht allein aufgrund der Kosteneffektivität ausgesprochen werden sollte. „Decisions about whether to recommend an intervention should not be based on cost effectiveness alone" (National Institute for Health and Clinical Excellence [2009], S.90). Weitere Entscheidungsfaktoren sind heranzuziehen bzw. zu beachten. Abbildung 17 zeigt, dass im Zeitraum vom 1. März 2000 bis zum 30. November 2010 64% der 398 Technologien vom NICE ohne Einschränkungen empfohlen und 11% nicht empfohlen wurden (National Institute for Health and Clinical Excellence [2011]).

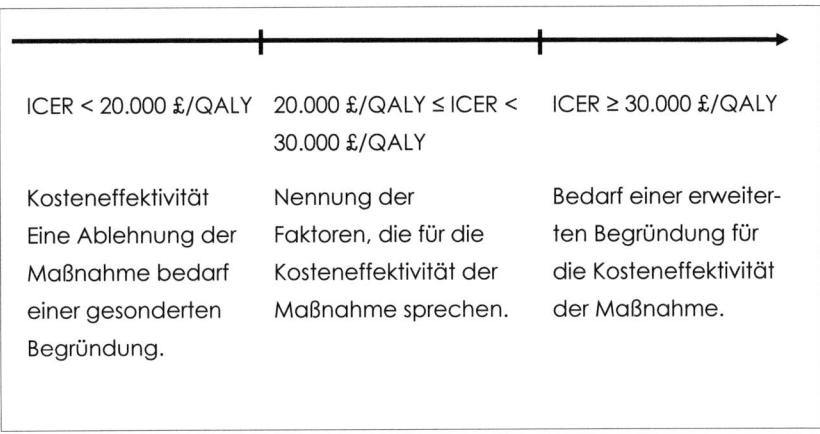

Abb. 16: *Kosteneffektivitätsgrenze des NICE. Quelle: National Institute for Health and Clinical Excellence [2009], S. 89-90 sowie eigene Darstellung.*

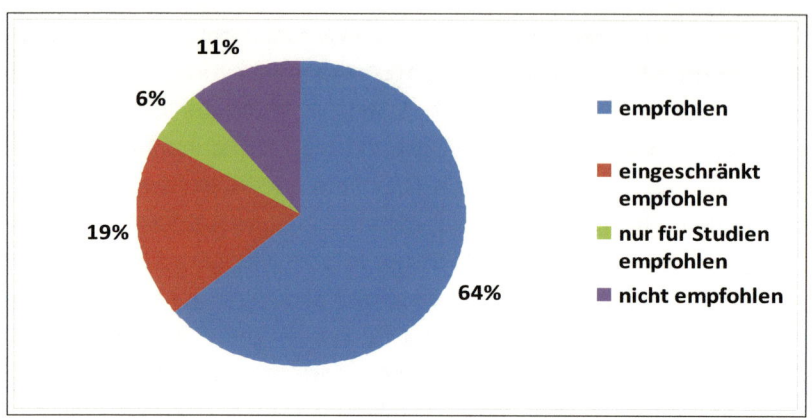

Abb. 17: Technologiebewertungen des NICE (1. März 2000 bis 30. November 2010).
Quelle: National Institute for Health and Clinical Excellence [2011]
sowie eigene Darstellung

Der Oregon Health Plan (OHP) stellt einen Versuch dar, die Allokation der knappen Ressourcen von Medicaid (staatliches Gesundheitsfürsorgeprogramm für Bedürftige) anhand von Kosten-Nutzwert-Vergleichen durchzuführen. Ende der 1980er Jahre waren in Oregon ca. 18% der Einwohner und mehr als 20% der Kinder ohne Krankenversicherungsschutz (vgl. Oregon Department of Human Services [2006], S. 1).[40] Im Jahr 1987 wurden die meisten Transplantationen aus dem Leistungskatalog von Medicaid in Oregon gestrichen. Aufgrund einer verweigerten Knochenmarktransplantation verstarb im gleichen Jahr ein Junge, was eine heftige öffentliche Diskussion über die Leistungseinschränkungen in der Medicaid-Versorgung auslöste. Im Jahr 1989 wurde daraufhin im Parlament der „Oregon Basis Health Service Act" beschlossen. Festgehaltene Ziele dieses Gesetzes waren folgende (vgl. Oregon Department of Human Ressources [2006], S. 2):

- Alle Bürger sollen Zugang zu einer „Basisversorgung" erhalten.
- Die Gesellschaft ist für die Finanzierung der Gesundheitsversorgung für die Armen zuständig.

---

[40] Vgl. zu den folgenden Ausführungen zum historischen Hintergrund: DiPrete/Coffman [2007], Güntert [2008], S. 288 ff., Marckmann/Siebert [2008], S. 127 ff. und Oregon Department of Human Services [2006].

- Es soll einen Prozess geben, der das Niveau der „Basisversorgung" festlegt.
- Der Prozess soll auf Kriterien fundieren, die öffentlich diskutiert werden, die auf einem Konsens über gesellschaftliche Werte beruht und auf das Wohl der gesamten Gesellschaft ausgerichtet ist.
- Die Bereitstellung muss so erfolgen, dass nur solche Leistungen erbracht werden, die wirksam und angemessen sind und dass eine Überversorgung vermieden wird.
- Die Gesundheitsversorgung stellt einen wichtigen Faktor dar, der die Gesundheit beeinflusst. Die Finanzierung der Gesundheitsversorgung muss aber mit anderen Programmen, die auch einen Einfluss auf die Gesundheit haben, abgestimmt werden.
- Die Finanzierung muss explizit und ökonomisch nachhaltig sein.
- Es muss eine eindeutige Verantwortlichkeit für die Allokation der Ressourcen und für die Auswirkungen der Finanzierungsentscheidungen auf die Menschen geben.

Im gleichen Jahr wurde die „Oregon Health Services Commission" (OHSC) etabliert, die unter Einbeziehung der Bevölkerung über Hearings und Telefonbefragungen eine Prioritätenliste erarbeitete. Grundlage der Liste waren ca. 1600 Diagnose-Maßnahmen-Kombinationen (vgl. Güntert [2008], S. 289), die mit Hilfe eines reinen Kosten-Effektivitäts-Ansatzes priorisiert wurden. Zur Priorisierung wurde folgendes Kosten-Nutzen-Verhältnis benutzt (vgl. Güntert [2008] S. 290 und Marckmann/Siebert [2008], S. 130):[41]

$$\text{Kosten} - \text{Nutzen} - \text{Verhältnis} = \frac{\text{Kosten der Maßnahme}}{\text{Nettonutzen der Maßnahme} \cdot \text{Dauer}}$$

Tabelle 6 gibt für vier ausgewählte Behandlungsmaßnahmen die Berechnung des Kosten-Nutzen-Verhältnisses wieder. Der Tabelle kann man entnehmen, dass das Überkronen eines Zahnes eine höhere Priorität als die Entfernung eines Blinddarms besitzt, da die Kosten pro Nutzwert (Nettonutzen·Dauer) der Überkronung um 4,9 $ günstiger ist als die Entfernung des Blinddarms. Diese

---

[41] Zur Kosten-Nutzen-Formel siehe auch DiPrete/Coffman [2007], S. 3.

Reihung widerspricht jedoch dem ethischen Prinzip des Vorrangs von lebensrettenden Maßnahmen („rule of rescue") (vgl. Marckmann/Siebert [2008], S. 133), da die Blinddarmoperation im Gegensatz zu einer Überkronung eines Zahnes eine lebensrettende Maßnahme darstellt. Die Vorgehensweise anhand einer reinen Kosten-Nutzwert-Betrachtung wurde stark kritisiert, so dass man sich dazu entschloss, bei der Erstellung der Prioritätenliste auf die Kosteneffektivität als Standardverfahren zu verzichten (vgl. Brock [2006], S. 203, DiPrete/Coffman [2007], S.3).[42] Es wurden 17 allgemeine Leistungskategorien festgelegt, die in eine Reihenfolge gebracht wurden.[43] Die höchste Priorität haben danach jene Behandlungen, die dazu geeignet sind, das Ableben eines Patienten zu vermeiden, während die geringste Priorität solche medizinischen Leistungen haben, die nur zu einer minimalen Lebensverlängerung und zu keiner Verbesserung der Lebensqualität führen (vgl. Güntert [2008], S. 291 und Wallner [2004], S. 259).

Behandlungsmaßnahme	Erwarteter Nettonutzen der Behandlung	Erwartete Dauer des Nutzens (J)	Kosten ($)	Prioritätsgrad	Prioriätsrang
Zahnkrone	0,08	4	38,10	117,6	371
Behandlung einer ektopen Schwangerschaft	0,71	48	4.015	117,8	372
Kiefergelenksschiene	0,16	5	98,51	122,2	376
Entfernung des Blinddarms	0,97	48	5.744	122,5	377

Tab. 6: *Berechnungsgrundlage von Prioritätsgrad und -rang bei vier Erkrankungen. Quelle: Marckmann/Siebert [2008], S. 130.*

---

[42] Zum gegenwärtigen Verfahren der Priorisierung siehe: Oregon Health Services Commission [2009], S. 4 ff.
[43] Die 17 Leistungskategorien findet man in DiPrete/Coffman [2007], S. 3 f.

Marckmann/Siebert sehen den Grund für das letztendliche Scheitern des Kosten-Effektivitäts-Ansatzes in Oregon darin, „weil er für Verteilungsentscheidungen wichtige Werte nicht ausreichend berücksichtigte" (Marckmann/Siebert [2008], S. 134.). Werte, die bei der Priorisierung von Gesundheitsleistungen neben der Kosten-Effektivität unbedingt berücksichtigt werden sollten, sind die Überzeugungen der Menschen zu Gerechtigkeit und Gleichheit (vgl. Brock [2006], S. 198) sowie der Vorrang von lebensrettenden Maßnahmen und von Maßnahmen zur Behandlung schwerkranker Menschen (vgl. Marckmann/ Siebert [2008], S. 133). Die erste Prioritätenliste in Oregon hat gegen diese Werte verstoßen und ist daher am Widerstand der Bürger gescheitert. Das Beispiel Oregon verdeutlicht, dass eine Priorisierung und Rationierung, die nur auf der Kosten-Effektivität beruht, nicht möglich bzw. nicht durchzusetzen ist (so auch Rothgang [2009], Folie 39).

Seit dem 1. April 2011 gilt in Oregon eine neue Prioritätenliste (vgl. Oregon Health Authority [2011]). Je nach „Kassenlage" des Staates wird eine Finanzierungslinie („Funding Line") in diese Prioritätenliste eingezogen. Die Funding Line gibt an, welche Maßnahmen der Staat finanziert und welche nicht. Unterstellt man das Finanzierungsniveau, wie es am 1. Januar 2010 in Oregon galt, dann werden alle medizinischen Leistungen bis zur Linie (Priorität) 502 vom Staat finanziert und alle Maßnahmen ab Linie 503 nicht mehr (vgl. Tabelle 7).[44] Die höchste Priorität besitzt die Schwangerschaft und die geringste Priorität haben Magen-Darm-Beschwerden mit keiner oder minimal effektiver Behandlung, oder es ist keine Behandlung notwendig (vgl. Tabelle 7).

---

[44] Vgl. http://www.oregon.gov/OHPPR/HSC/current_prior.shtml (Abruf 22. 04. 2011).

Line: 1 Condition: PREGNANCY (See Guideline Notes 1,2,16,22,64,65,76) (See Prevention Tables) Treatment: MATERNITY CARE ICD-9: 640-673,674.0,674.2,674.4-674.9,675-679,V07.2,V22.0-V22.1,V23-V24,V28,V72.4,V77.6,V89,V91 CPT: 01958-01963,01967-01969,12021,57022,59000-59100,59160-59622,59830,59866,59871,76801-76828,84163,84704,96150-96154,97802-97804,98966-98969,99051,99060,99070,99078,99201-99360,99366,99374,99375,99379-99444,99468-99480,99605-99607 HCPCS: G0406-G0408,G0425-G0427,S0265-S0274,S2401-S2403,S2405,S2411,S8055,S9208-S9214 ... Line: 502 Condition: CYSTS OF BARTHOLIN'S GLAND AND VULVA (See Guideline Notes 64,65,76) Treatment: INCISION AND DRAINAGE, MEDICAL THERAPY ICD-9: 616.2,616.5-616.9 CPT: 10060,10061,11004,56440,56501,56515,56740,57135,98966-98969,99051,99060,99070,99078,99201-99360,99366,99374,99375,99379-99444,99468-99480,99605-99607 HCPCS: G0406-G0408,G0425-G0427,S0270-S0274
Funding Level as of January 1, 2010 Line: 503 Condition: LICHEN PLANUS (See Guideline Notes 64,65) Treatment: MEDICAL THERAPY ICD-9: 697 CPT: 11900,11901,98966-98969,99051,99060,99070,99078,99201-99360,99366,99374,99375,99379-99444,99468-99480,99605-99607 HCPCS: G0406-G0408,G0425-G0427,S0270-S0274 ... Line: 679 Condition: GASTROINTESTINAL CONDITIONS WITH NO OR MINIMALLY EFFECTIVE TREATMENTS OR NO TREATMENT NECESSARY (See Guideline Notes 64,65) Treatment: EVALUATION ICD-9: 527.0,569.43,569.9,573.9,576.5-576.9 CPT: 98966-98969,99201-99255,99366,99441-99444,99605-99607 HCPCS: G0406-G0408,G0425-G0427,S0270-S0274

Tab. 7: Funding Line. Quelle: Oregon Health Authority [2011].

8. Fazit

Internationale Vergleiche zeigen, dass die medizinische Leistungserstellung in Deutschland ineffizient erfolgt. Hier sind die Rationalisierungsreserven zu heben, da man sich aufgrund der Ressourcenknappheit, die auch im Gesundheitsbereich vorliegt, eine Verschwendung von Ressourcen nicht leisten kann.

Die Hebung aller Rationalisierungsreserven wird die Knappheit aber nicht beseitigen, so dass aus (gesundheits-) ökonomischer Sicht eine Rationierung von Leistungen im (solidarisch finanzierten) Gesundheitsbereich unausweichlich ist. Aber: Eine konkrete Festlegung, wie viel Rationierung wünschenswert ist und ob wir mehr oder weniger Rationierung benötigen, kann aus gesundheitsökonomischer Sicht nicht gemacht werden, da das Ausmaß, wie viel Ressourcen in das (solidarisch finanzierte) Gesundheitssystem fließen sollen, eine gesamtgesellschaftliche Entscheidung darstellt. Die Rationierung sollte offen und explizit erfolgen. „Rationierung ist ein „schmutziges Geschäft", und gerade deshalb darf die Öffentlichkeit nicht getäuscht werden" (Smith [2008], S. 275).

Die Gesundheitsökonomie liefert mit der Kosten-Effektivität eine Antwort zu der Frage, wie im Gesundheitswesen rationiert werden sollte. Mit den gesundheitsökonomischen Evaluationsverfahren kann die Kosten-Effektivität operationalisiert und berechnet werden. Das Beispiel Oregon lehrt aber auch, dass die Kosten-Effektivität niemals das alleinige Entscheidungskriterium für Rationierung sein kann bzw. darf. Bei den Entscheidungen müssen neben der Kosten-Effektivität auch die normativen Grundlagen des Gesundheits- und Pflegesystems beachtet werden (vgl. Wallner [2004], S. 258). Lebensrettende Maßnahmen und die Behandlung schwerkranker Menschen besitzen für viele Menschen höchste Priorität (vgl. Lübecker Bürgerkonferenz [2010], S. 6). Darüber hinaus sind viele Menschen bereit „auf einen Teil des erreichbaren gesundheitlichen Gesamtnutzens zu verzichten, um eine faire Verteilung des Nutzens zu erzielen" (Marckmann/Siebert [2008], S. 133).

Die Priorisierung dient als Instrument zur Rationierung von Leistungen. Sind alle Ressourcen im Überfluss vorhanden, benötigt man keine Priorisierung von Leistungen, da alle Wünsche in dem Augenblick, in dem sie auftreten, sofort erfüllt werden können. Im Schlaraffenland ist Priorisierung unnötig. Priorisierung macht somit nur Sinn, wenn wir uns außerhalb des Schlaraffenlandes befinden, d.h. in einer der Welt der Knappheit leben und somit rationieren müssen. Wenn man priorisiert, will man auch rationieren.

9. Literatur

Afonso, A./St. Aubyn, M. [2006]: Relative Efficiency of Health Provision: a DEA Approach with Non-discretionary Inputs, Working Papers 2006/33, Department of Economics, Institute for Economics and Business Administration (ISEG), Technical University of Lisbon (http://pascal.iseg.utl.pt/~depeco/wp/wp332006.pdf, letzter Abruf 10. 3. 2011)

Baltagi, B. H. [1995]: Econometric Analysis of Panel Data, Chichester u. a.

Boldt, J./Krämer, W. [2008]: Ökonomische Aspekte, in: Junginger u. a., Hrsg. S. 99-109

Brandt, W. [1989]: Erinnerungen, Frankfurt und Zürich

Breyer, F./Zweifel, P./Kifmann, M. [2005]: Gesundheitsökonomik, 5. Auflage, Berlin und Heidelberg

Brock, D. [2006]: Ethische Probleme von Kosten-Effektivitäts-Analysen bei der Priorisierung von Ressourcen im Gesundheitswesen, in: Schöne-Seifert/Buyx/Ach, Hrsg. [2006], S. 183-213

Büscher, G./Gerber, A. [2010]: Gesundheitsökonomische Evaluation als Ansatz zur Steuerung der Ausgaben im Gesundheitswesen, in: Lauterbach/Lüngen/Schrappe, Hrsg. [2010], S. 63-81

Bundesministerium für Arbeit und Sozialordnung [2010]: Statistisches Taschenbuch 2010, Bonn (Stand Juni 2010) (Download: http://www.bmas.de/portal/47982/statistisches__taschenbuch__2010.html)

Bundesministerium für Gesundheit [2011]: Anlagen zur Pressemitteilung: Finanzentwicklung der Krankenkassen in 2010 unterstreicht die Notwendigkeit des GKV-Finanzierungsgesetzes – 2011 reichen Zuweisungen zur Deckung der Ausgaben (http://www.bmg.bund.de/fileadmin/redaktion/pdf_pressemeldungen/2011/11-03-07_Anlagen_zur_Pressemitteilung_Finanzentwicklung_der_Krankenkassen.pdf, Abruf: 8. 3. 2011)

Childress, J. F. [1999]: Prioritäten in der Gesundheitsfürsorge, in: Sass, Hrsg. [1999], S. 311-327

Deutscher Ethikrat [2011]: Nutzen und Kosten im Gesundheitswesen – Zur normativen Funktion ihrer Bewertung, Stellungnahme, Berlin

DiPrete, B./Coffman, D. [2007]: A Brief History of Health Services Priorization in Oregon, o. O. (http://www.oregon.gov/OHPPR/HSC/docs/ PrioritizationHistory.pdf, letzter Abruf 22. 04. 2011)

Drummond, M. F. u. a. [2005]: Methods fort he Economic Evaluation of Health Care Programmes, Third Edition, Oxford

Eckey, H.-F./Kosfeld, R./Dreger, C. [2001]: Ökonometrie, 2. Auflage, Wiesbaden

Frerich, J./Frey, M. [1996]: Handbuch der Geschichte der Sozialpolitik in Deutschland, Band 3: Sozialpolitik in der Bundesrepublik Deutschland bis zur Herstellung der Deutschen Einheit, 2. Auflage, München und Wien

Gethmann-Siefert, A./Thiele, F., Hrsg. [2008]: Ökonomie und Medizinethik, München

Getzen, T. E. [2004]: Health Economics, 2. Auflage, New York

Gossen, H. H. [1854]: Entwicklung der Gesetze des menschlichen Verkehrs und der daraus fließenden Regeln für menschliches Handeln, Braunschweig, 1854 (Faksimile-Ausgabe, erschien 1987 innerhalb der von Engels, Wolfram u. a. herausgegebenen Faksimile-Edition „Klassiker der Nationalökonomie", Frankfurt und Düsseldorf)

Greiner, W. [2007]: Die Berechnung von Kosten und Nutzen, in: Schöffski/Schulenburg, Hrsg. [2007], S. 49-63

Guckelsberger, U./Kronenberger, S. [2009]: Grundzüge der Volkswirtschaftslehre, 5. Auflage, Ludwigshafen

Güntert, B. J. [2008]: Ökonomie oder Politik – Was ist ethisch?, in: Wiesing, U. [2008], S. 288-291

Hope, T. [2008]: Medizinische Ethik, Bern (Originalausgabe erschienen 2004 unter dem Titel Medical Ethics: A Very Short Introduction, Oxford)

Johannßen, W. [2009]: Priorisierung im Gesundheitswesen, Umfrageergebnisse, Berlin (http://www.allianzdeutschland.de/presse/news/ allianz_priorisierungsumfrage_ergebnisse.pdf)

Jourmard, I. u. a. [2008]: Health Status Determinants: Lifestyle, Environment, Health Care Ressources and Efficiency, OECD Economics Department Working Paper, No. 627, OECD Publishing. doi: 10.1787/240858500130

Jourmard, I./André, C./Nicq, C. [2010]: Health Care Systems: Efficiency and Institutions, OECD Economics Department Working Papers, No. 769, OECD Publishing. doi: 10.1787/5kmfp51f5f9t-en

Junginger, T. u. a., Hrsg. [2008]: Grenzsituationen in der Intensivmedizin, Heidelberg

Kennedy, P. [1998]: Econometrics, Forth Ed., Cambridge

Klarman, H./Francis, J./Rosenthal, G. [1968]: Cost-effectiveness analysis applied to the treatment of chronic renal disease, in: Medical Care, Vol. 6, S. 48-54

Kocher, G./Oggier, W. [2007]: Gesundheitswesen Schweiz 2007 – 2009, Bern

Krugman, P./Wells, R. [2009]: Economics, 2nd ed., New York

Lauterbach, K. W./Lüngen, M./Schrappe, M., Hrsg. [2010]: Gesundheitsökonomie, Management und Evidence-based Medicine, 3. Auflage, Stuttgart

Lauterbach, K. W./Stock, S./Brunner, H. [2006]: Gesundheitsökonomie, Bern

Lexa, S. [2009]: Priorisierung medizinischer Leistungen im System der gesetzlichen Krankenversicherung: Sachstand und Vorschläge zur Umsetzung, Thünen-Series of Applied Economic Theory, Working Paper No. 112

Lübecker Bürgerkonferenz [2010]: Bürgervotum zur Prioritätensetzung in der medizinischen Versorgung, Lübeck (http://141.83.55.222/media/ custom/1595_6993_3.PDF, letzter Abruf 25. 04. 2011)

Lüngen, M./Stock, S. [2006]: Großbritannien, in: Lauterbach/Stock/Brunner [2006], S. 247-255

Marckmann, G./Siebert, U. [2008]: Nutzenmaximierung in der Gesundheitsversorgung, in: Gethmann-Siefert/Thiele, Hrsg. [2008], S. 111-139

Nagel, E., Hrsg. [2007]: Das Gesundheitswesen in Deutschland, 4. Auflage, Köln

National Institute for Health and Clinical Excellence (NICE) [2009]: The guidelines manual, January 2009, London (http://www.nice.org.uk/media/5F2/44/The_guidelines_manual_2009_-_All_chapters.pdf, letzter Abruf 21. 04. 2011)

National Institute for Health and Clinical Excellence (NICE) [2011]: Technology appraisal recommendation summary (http://www.nice.org.uk/newsroom/nicestatistics/TADecisionsRecommendationSummary.jsp, letzter Abruf 21.04.2011).

OECD [2010]: Health Data 2010, Paris

OECD [2006]: Projecting OECD Health and Long-term-care Expenditures: What Are the Main Drivers, OECD Economics Department Working Paper, No, 477, Paris

Oregon Department of Human Services [2006]: Oregon Health Plan. An historical Overview, o. O. (http://www.oregon.gov/DHS/healthplan/data_pubs/ohpoverview0706.pdf?ga=t, letzter Abruf: 22. 04. 2011)

Oregon Health Authority [2011]: Prioritized List of Health Services April 1, 2011, o. O. (http://www.oregon.gov/OHPPR/HSC/docs/L/Apr11List.pdf, letzter Abruf 22. 04. 2011)

Oregon Health Services Commission [2009]: Prioritization of Health Services. A Report to the Governor and the 75th Oregon Legislative Assembly, o. O. (http://www.oregon.gov/OHPPR/HSC/docs/R/09HSCBiennialReport.pdf, letzter Abruf 23. 04. 2011)

Orlowski, U. [2000]: GKV-Kommentar § 71 SGB V, 112. Erg.-Lieferung, März 2000, in: Orlowski, Ulrich [2010]

Orlowski, U. u.a, Hrsg. [2010]: Gesetzliche Krankenversicherung, GKV-Kommentar, Loseblattsammlung, 19. Lieferung, Stand Juni, Heidelberg u. a.

Ostheim, T./Schmidt, M. [2007]: Vom Ausbau zur Konsolidierung: Sozialpolitik von der sozial-liberalen Koalition bis zur Wiedervereinigung, in: Schmidt, Manfred u. a., Hrsg.: Der Wohlfahrtsstaat. Eine Einführung in den historischen und internationalen Vergleich, Wiesbaden, S. 165-172

Reiners, H. [2009]: Mythen der Gesundheitspolitik, Bern

Rössler, P. [2010]: „Ich lege großen Wert darauf, dass wir in einem Land mit einem der besten Patientenversorgungen leben", Interview von Katharina Koufen mit Gesundheitsminister Philipp Rösler in der Wirtschaftswoche vom 6. Februar 2010.
(https://www.bundesgesundheitsministerium.de/ministerium/presse/interviews/ich-lege-grossen-wert-darauf-dass-wir-in-dem-land-mit-einer-der-besten-patientenversorgungen-leben.html?tx_bmgtheme_pi1[letter]=G&tx_bmgtheme_pi1[action]=list&tx_bmgtheme_pi1[controller]=Theme&cHash=4c43bf24e5312fb8042b36807350b720, letzter Abruf: 8. 2. 2011)

Rothgang, H. [2009]: Der Beitrag der Gesundheitsökonomie zur Rationierungsdebatte. GKV in der Zwickmühle – zwischen Qualität und Rationierung. Rechtliche und wirtschaftliche Rahmenbedingungen des GKV-Systems, Tagung des IGMR und der BKK am 30. 09. 2009 in Bremen, Folienvortrag (http://www.zes.uni-bremen.de/GAZESse/200902/HR_igmr-BKK.pdf, letzter Abruf: 18. 02. 2011)

Sachverständigenrat für die Konzertierte Aktion im Gesundheitswesen
[2001]:Bedarfsgerechtigkeit und Wirtschaftlichkeit, Band III, Über-, Unter und Fehlversorgung, Gutachten 2000/2001

Samuelson, P. A./Nordhaus, W. D. [1998]: Volkswirtschaftslehre, Übersetzung der 15. amerikanischen Auflage, Wien und Frankfurt

Sass, H. M., Hrsg. [1999]: Medizin und Ethik, Revidierte und bibliographisch erneuerte Ausgabe, Stuttgart

Schöffski, O. [2007a]: Einführung, in: Schöffski/Schulenburg, Hrsg. [2007], S. 3-12

Schöffski, O. [2007b]: Grundformen gesundheitsökonomischer Evaluationen, in: Schöffski/Schulenburg, Hrsg. [2007], S. 65 – 94

Schöffski, O. [2007c]: Nutzentheoretische Lebensqualitätmessung, in: Schöffski/Schulenburg, Hrsg. [2007], S. 335 – 385

Schöffski, O./Greiner, W. [2007]: Das QALY-Konzept als prominentester Vertreter der Kosten-Nutzwert-Analyse, in: Schöffski/Schulenburg, Hrsg. [2007], S. 95-137

Schöffski, O./Schulenburg, J.-M. Graf v. d., Hrsg. [2007]: Gesundheitsökonomische Evaluationen, 3. Auflage, Berlin, Heidelberg, New York

Schöne-Seifert, B./Buyx, A. M./Ach, J. S., Hrsg. [2006]: Gerecht behandelt? Rationierung und Priorisierung im Gesundheitswesen, Paderborn

Schulenburg, J.-M. Graf v. d./Greiner, W. [2007]: Gesundheitsökonomik, 2. Auflage, Tübingen

Schramm, M. [2004]: „Alles hat seinen Preis". Gerechtigkeit im Gesundheitssystem, Hohenheimer Working Papers zur Wirtschafts- und Unternehmensethik No. 3, Stuttgart-Hohenheim: Institut für Kulturwissenschaften (downloads: http://www.uni-hohenheim.de/wirtschaftsethik/hwpwue.html)

Sherman, D. H. [1982]: Data Envelopment Analysis as a New Managerial Audit Methodology –Test and Evaluation, Sloan School of Management, Massachusetts Institute of Technology, Working Paper 1442-83 (http://dspace.mit.edu/bitstream/handle/1721.1/47263/dataenvelopmenta00sher.pdf?sequence=1, letzter Abruf 10. 3. 2011)

Smith, R. [2008]: Plädoyer für eine offene Rationierungsdebatte, in: Wiesing, Hrsg. [2008], S. 273-275

Staber, J./Rothgang, H. [2010]: Rationierung und Priorisierung im Gesundheitssystem, in: GGW, Jahrgang 10, Heft 1 (Januar), S. 16 – 22 (downloads: http://wido.de/fileadmin/wido/downloads/pdf_ggw/wido_ggw_aufs2_0110.pdf, letzter Abruf 18. 02. 2011)

Statistisches Bundesamt [2011]: GENESIS-Online Datenbank, Wiesbaden

Stepan, A./Sommersguter-Reichmann, M. [2005]: Data Envelopment Analyse. Ein produktionswirtschaftliches Benchmarking Konzept, Zusatzskriptum zur Vorlesung Betriebswirtschaftliche Optimierung, Version Jänner 2005, Technische Universität Wien, Institut für Managementwissenschaften, Wien

Überla, K. [1977]: Faktorenanalyse, Nachdruck der 2. Auflage, Berlin, Heidelberg, New York

Wallner, J. [2004]: Ethik im Gesundheitssystem, Wien

Wente, T./Vauth, C. [2003]: Internationales Benchmarking von Gesundheitssystemen. Ansatz zur Problemlösung? Universität Hannover, Wirtschaftswissenschaftliche Fakultät, Diskussion Paper Nr. 286 (http://www.wiwi.uni-hannover.de/Forschung/Diskussionspapiere/dp-286.pdf, letzter Abruf 10. 3. 2011)

Wiesing, U., Hrsg. [2008]: Ethik in der Medizin, 3. Auflage, Stuttgart

Wissenschaftliches Institut der AOK (WIdO), Hrsg. [2010]: WIdOmonitor, Ausgabe 1/2010, Berlin

World Health Organization, Hrsg. [2000]: World Health Report 2000, Health Systems: Improving Performance, Genf (http://www.who.int/whr/2000/en/whr00_en.pdf, letzter Abruf 8. 3. 2011)

ZEIT ONLINE [2010a]: Alle 33 Bergleute sind in Sicherheit, Hamburg (http://www.zeit.de/gesellschaft/zeitgeschehen/2010-10/chile-rettung-abschluss, Letzter Abruf 31. 1. 2011)

ZEIT ONLINE [2010b]: Zwei lange Monate des Ausharrens, Hamburg (http://www.zeit.de/gesellschaft/zeitgeschehen/2010-10/chile-kumpel-chronologie, letzter Abruf 31. 3. 2011)

Zentrale Ethikkommission [2007]: Priorisierung medizinischer Leistungen im System der Gesetzlichen Krankenversicherung (GKV) – Langfassung –, Stellungnahme der Zentralen Kommission zur Wahrung ethischer Grundsätze in der Medizin und ihren Grenzgebieten (Zentrale Ethikkommission) bei der Bundesärztekammer, Stand: 19. 07. 2007 (http://www.zentrale-ethikkommission.de/downloads/LangfassungPriorisierung.pdf, letzter Abruf 28. 3. 2011)

*Günter Danner**

Priorisierung von Gesundheitsleistungen aus internationaler Sicht: Chancen, Risiken und Zuständigkeitsfragen

1. Priorisierung, ein Wert an sich oder Teil eines Allokationsprozesses knapper Mittel?
2. Priorisierung und Rationierung
3. Wir priorisieren längst
4. Deutscher Systemweg und Priorisierung
5. Wer hat das Recht auf Mitwirkung an Priorisierungsansätzen?
6. Ein Blick über die Grenzen – Großbritannien, Frankreich und Schweden
7. Priorisierungshorizont Europa?
8. Wirtschaftskrise und Staatslenkung der Systeme

---

* Günter Danner, PhD ist Stv. Direktor der Europavertretung der Deutschen Sozialversicherung in Brüssel und Pers. Referent des Vorstands der Techniker Krankenkasse in Hamburg. Der Beitrag gibt die persönliche Meinung des Verfassers wieder.

1. Priorisierung, ein Wert an sich oder Teil eines Allokationsprozesses knapper Mittel?

Priorisierung löst manchmal Panik aus. Manchen gilt sie als Werkzeug der Sozialdemontage. Dabei ist sie wirtschaftswissenschaftlich ein notwendiges und erkenntnisförderndes Instrument zur Verteilung knapper Ressourcen. Diese Knappheit wird sicherlich nicht bestritten. Auch wenn Deutschland nach wie vor relativ höhere Großzügigkeitsgrade der Systemversorgung kennt als andere EU-Länder, so sind die Mittel doch endlich. Mithin entsteht die Notwendigkeit einer möglichst willkürfreien und somit rational nachvollziehbaren Allokation mit der Absicht, möglichst viel damit zu erreichen. Die Diskussion dazu ist oft emotional getrübt: als die Ärzteschaft dies – nicht unbedingt sprachlich in hinreichender Trennschärfe formuliert – vorschlug, kam es vor einiger Zeit zum Eklat. Die Politik – eine Instanz, die seit Jahren unausgesprochene Rationierung und Priorisierung betrieb, beargwöhnte eine Bereicherungsabsicht und reagierte entsprechend. Wie immer es darum bestellt war; eine offene und transparente Diskussion über „Priorisierung" und „Rationierung" notorisch knapper Güter ist überfällig. Nur so kann ein demokratischer Prozess eingeleitet werden, der statt Hinterzimmerkompromissen kurzlebiger Koalitionen die Zukunft unserer nach wie vor verteidigungswürdigen sozialen Versorgungswelt sicherstellt. Dabei sind keine Wunder an Einsichten zu erwarten. Fairness, Durchschaubarkeit und Nachvollziehbarkeit von Beschlüssen sind jedoch an sich schon ein deutlicher qualitativer Mehrwert. Möchten wir zudem internationale Fehlentwicklungen vermeiden, eigene Systemattribute in eine fernere Zukunft hinüberretten und uns davor schützen, mit fremdbestimmten, unserer Wirklichkeit kaum oder gar nicht angepassten Techniken beurteilt zu werden, so ist es erforderlich, dass wir – die selbstverwalteten Akteure und die deutsche Politik – diese Debatte heute so sachlich und unaufgeregt wie möglich einleiten. Unterlassen wir dies, so dauert es vielleicht nicht mehr lange, bis uns ein „Gesundheits-Pisa" aus Brüssel vorschreibt, was zu tun oder zu lassen ist. Unser systemtechnischer Sonderweg wäre dann akut gefährdet. Die Vermassung in einem vorwiegend nicht-definierten EU-Einheitssystem – weit unterhalb dessen, was wir heute haben – als Reaktion einer Erweiterung der „Offenen Methode der Koordinierung" würde fernab jeder Bürgerkontrolle von weitgehend Unbekannten in Brüssel geregelt. Noch ist es Zeit, sich mit maßgeschneiderten neuen Konzepten für den Erhalt eines subsidiär definierten sozialen Gesundheitssystems stark zu machen.

2. Priorisierung und Rationierung

Nach allgemeiner Auffassung ist eine „Priorisierung" eine Katalogisierung von Präferenzen nach Relevanz und Zweckdienlichkeit im Rahmen eines Zuteilungs- oder Versorgungsprozesses. Demnach ist „Priorisierung" in Zuteilungsfragen nahezu untrennbar verknüpft mit den verkehrsüblichen Problemen bei Allokation knapper Mittel oder Ressourcen. Sie ist mithin Bestandteil eines Rationierungsprozesses, wie er grundsätzlich bei knappen Gütern vorzufinden ist. Funktionslogisch betrachtet, liegt eine „Priorisierung" eigentlich jedem Entscheidungsprozess zugrunde. Die Präferenz von Alternative „A" über „B" beinhaltet den Verzicht auf die jeweils nicht gewählten Optionen. Handlungsleitende Überlegungen dürften hier im Wege einer Definition und Abwägung von Prioritäten dazu geführt haben, dass man so und nicht anders entschieden hat.

Die gesundheitliche Breitenversorgung – zumindest hochentwickelter westeuropäischer Industriestaaten – reichert diese Erkenntnisse noch um verschiedene Faktoren an. So gibt es Versorgungsprozesse oder Güter natürlicher Knappheit; man denke an Organe zur Transplantation.[1] Diese sind – zumindest im Rahmen unserer ordnungspolitischen Vorstellungen – auch nicht durch gewichtige Zahlungen auf Abruf vermehrbar. Außerdem betrifft das Knapp-

---

[1] Unter Einhaltung der nuancierten rechtlichen Voraussetzungen sollten diese knappen Ressourcen eben nicht ihren Preis nach oben treiben, wie in einem unregulierten Marktgeschehen, sondern sind an sozialmedizinische Verteilungsgrundsätze gebunden. Zuwiderhandlungen - Verkauf an extrem zahlungsfähige Kunden, etwa aus dem Nahen Osten - kamen vor, wurden und bleiben jedoch strafrechtlich sanktioniert. Dies sieht in anderen Weltteilen moralisch und ökonomisch durchaus anders aus. Man denke an Organverkauf nach Hinrichtungen in manchen asiatischen Ländern.

heitspostulat nur in seltenen Fällen Ressourcen der Regelversorgung. Kapazitäten und Marktvolumen sind – etwa bei uns in Deutschland – so leistungsfähig, dass einer Überversorgung eher die Refinanzierungsgrenzen der Sozialsysteme im Wege stehen, als materieller Mangel oder Versorgungsengpässe. Wo dies – etwa bei Massenimpfungen – tatsächlich vorkommt, werden einfache Versorgungsprioritäten nahezu kritikfrei als einleuchtend begriffen.[2] Problematisch mag es dann werden, wenn im Rahmen einer durchaus erklärungsbedürftigen Priorisierung von Versorgung im Alltag Zielkonflikte auftauchen. Dies beinhaltet konkludent das Eingeständnis eines grundsätzlichen Mangels im Versorgungsgeschehen; ein Eindruck, den insbesondere die Politik der letzten Jahre stets zu vermeiden versuchte. Ist also nicht situative Versorgungszweckdienlichkeit im „Ausnahmefall" die Grundlage der Priorisierung, so bedarf es schon umfangreicherer Begründungen, um den Eindruck von Willkür und Versagen, bis hin zur Mangelsteuerung nicht entstehen zu lassen. Entsprechend zögerlich geht die Politik dann auch mit den erkennbar knappen Ressourcen in der Breitenversorgung zu Lasten von Sozialversicherungsträgern um. Mit allen Mitteln möchte man vermeiden, das die Bevölkerung – sie stellt auch an die sozialfinanzierte Versorgung bei uns eben offenbar wesentlich höhere Ansprüche als in anderen EU Systemen – den Eindruck gewänne, dass man das zugängliche Angebot verschlechtere.[3] Der Vorwurf mangelnder sozialer Ausgewogenheit ist ebenso deutsch wie verbreitet begründet. Das Gerechtigkeitsempfinden vieler Landsleute rebelliert gegen einseitige Benachteiligungen der „Schwachen". Es ist ernsthaft beschädigt, wenn diese seriell Opfer bringen müssen, während andere – etwa die Wirtschaft – entlastet werden. Wohl zu keinem Zeitpunkt war die Massenskepsis gegen die schlichte Gleichung „Wirtschaft läuft, Gewinne sprudeln, Lohnstückkosten bleiben konstant und Realeinkommen sinken" höher als heute. Dies ist insbesondere dem tiefsitzenden Misstrauen gegen die wirtschaftlich „Großen" geschuldet, so wie man sie

---

[2] Man denke hier an die Priorisierung in der Impfung gegen die sogenannte „Schweinegrippe", die anfänglich nach Gefahrgeneigtheit der Bevölkerungsgruppen strukturiert wurde.

[3] In der langen Geschichte der bei uns so beliebten Kostendämpfungsgesetze wurden vorwiegend „Verschlechterungen" des Leistungsumfangs der GKV verfügt. Dies sollte vordringlich die „Lohnnebenkostenfrage" bedienen und weniger die Zukunftssicherung eines aufwändigen Versorgungsmodells steuern.

während der Finanzkrise kennenlernen durfte. Bankenrettung und erneut sprudelnde Bonizahlungen – auch bei „Gewinnen" aus großzügig bereitgestellten öffentlichen Mitteln, lösen Empörung und Misstrauen in die Politik aus. Dies grenzt den Handlungsspielraum für Rationierungen im Sozialbereich spürbar ein, will man keinen elementaren politischen Konflikt riskieren, den man bei der nächsten Wahl möglicherweise bereuen würde.[4]

3. Wir priorisieren längst

Je offener Priorisierung definiert und gehandhabt wird, desto überschaubarer ist die Lage desjenigen, der davon in der einen oder anderen Weise berührt ist. Längst schon wird in der Versorgung „priorisiert" – wie anders sind Investitionsentscheidungen, Mittelallokation für neue Versorgungssegmente, darunter Früherkennung oder gar „Prävention", oder Begünstigung bestimmter – einschränkender – Versorgungselemente denkbar.[5] Die gesundheitsökonomische Forschung der letzten Jahre hat zudem Nachweise dafür geliefert, dass unverändert die Masse der GKV-Mittel nach wie vor für eine rund 20% des Patientengutes ausmachende Gruppe häufig multimorbider, oft betagter Leistungsfälle aufzuwenden ist. Seit Postulierung des Gebotes der „Beitragssatzstabilität" – dies war insbesondere relevant, als es noch nicht der Staat allein war, der darüber zu befinden hatte – wird zudem im Interesse oft außer sachlicher und vielfach systemfremder Interessen rationiert.[6] Diese Rationierung erfolgt weitgehend unausgesprochen. Politisch wird der Wählerschaft vermit-

---

[4] Der parteiengeschichtlich nahezu einzigartige Absturz der F.D.P. nach ihrem Wahlsieg 2009 in der Gunst ihrer – vermutlich eher gering an leistungsfähigen Sozialsystemen orientierten – Wählerschaft zeigt, wie rasant ein Imageverlust sich heute in Stimmanteilen auswirkt. Unbequeme – wenngleich erforderlichenfalls unvermeidliche – Politik wird damit nahezu zum waghalsigen Spiel.

[5] Man denke hier an das hochpriorisierte „Hausarztmodell" – eine vergütungs- und institutionsrechtlich sichtbare politisch-ökonomische Präferenz oder die verschiedenen subsidiären Formen im Spektrum zwischen Generikaverordnungen und „Paradigmenwechsel" durch Gewichtung der Prävention. Hier wurde – oft empirisch unbelegt – der Eindruck erweckt, Krankheit sei ein durchgängig aktiv zu vermeidendes Schicksal.

[6] Nicht zuletzt die laufende Reduktion der Arbeitgeberbelastung in der Hoffnung von dadurch auszulösenden Neueinstellungen prägte die Vergangenheit.

telt, es stehe alles für alle zur Verfügung. Fakt ist jedoch, dass dies so schon lange nicht mehr stimmt. Grundsätzlich ist der Medizinmarkt kaum saturierungsfähig. Würde heute beschlossen die ohnehin jährlich nominell steigenden GKV-Aufwendungen drastisch zu erhöhen, so läge der Zeitpunkt neuen Klagens über fehlende Ressourcen nur wenig in der Zukunft. Struktur- und Marktferne der Nachfrage am Gesundheitsmarkt verunmöglichen eine vollwertig logische Marktbeziehung zwischen den diversen Ebenen der Anbieter und den Nachfragern. Der Patient – zumal der tatsächlich ernsthaft Kranke – ist und bleibt ein unvollständiger Marktteilnehmer. Ihm oder ihr fehlen sowohl die Draufsicht und damit das Vermögen zur Bestimmung oder Abwägung des Kaufgegenstandes, als auch das vornehmste Primärrecht jedes Kunden – die Möglichkeit zum Konsumverzicht. Wer würde schon ohne massives Risiko auf eine notwendige medizinische Maßnahme verzichten. In der Geschichte der deutschen SGB V Reformen stehen daher lineare – weil einseitig benachteiligende – Leistungskürzungen seit Jahren als politisch kleinster gemeinsamer Nenner im Raum. Misslingt die vollmundig angekündigte „Totalreform" – möglichst eine solche mit spektakulären und wirklich unerhörten neuen Refinanzierungsvorschlägen – infolge fehlender Mehrheiten, so einigt man sich vermutlich vor der unattraktiven Alternative des völligen Nichtstuns auf die eine oder andere kurzfristige Kostendämpfungsmaßnahme.[7] Wie rasch hier jede Wirklichkeitsnähe verloren geht, zeigt die durchaus ernstgemeinte Wiederbelebung der doch schon vor Jahrzehnten als staatsnah und unberechenbar erkannten „Steuerfinanzierung". Dieses angeblich so gerechte Finanzierungsinstrument galt ab ca. 2004 wieder als diskussionsfähig, obwohl seine de facto Systemauswirkungen in allen derartig konstruierten EU-Systemen besichtigt werden können. Keine dieser Systemwelten funktioniert ohne brutale Mangelsteuerung mit einseitig die Patienten – darunter die ernsthaft kranken – belastenden Auswirkungen. Es bedurfte der dumpfen Einsicht in die legislaturperiodenübergreifende unkontrollierbare ad hoc Belastung künftiger Staatsbudgets durch die Eurokrise und den ersten von vermutlich weiteren Eurorettungs-

---

[7] Je nach dem Anspruch an Aufrechterhaltung eines Mindestschleiers an politisch-sachlichem Niveau wird dies dann eine teilweise Ausgewogenheit durch mehrschichtige Betroffenheitsebenen oder schlichte Klientelbedienung. Derzeit erfolgt diese erstaunlicherweise post factum, d. h. die zuvor gründlich Frustrierten sollen im Nachherein wieder für die gerade einmal politisch Zuständigen gewonnen werden.

schirmen, um zu begreifen, dass im Schatten kaum mehr quantifizierbarer außerplanmäßiger Staatshaushalte die Verlagerung des für Arbeitgeber so unbeliebten Finanzierens der GKV auf die Staatskasse an ihre Grenzen stößt. Nur wer bereit ist, unberechenbare Versorgungswirklichkeiten nach Art des britischen National Health Service (NHS) oder der abgewirtschafteten skandinavischen Volksheime hinzunehmen und politisch zu vertreten, kann klaren Sinnes noch dafür plädieren. Umso wichtiger dürfte es also in Zukunft werden, den nominal ständig steigenden GKV-Ausgaben eine möglichst hohe Effizienz folgen zu lassen. Dies ist ohne Priorisierung, als wissenschaftlich vertretbarer Grundlage der Rationierung, vermutlich nicht machbar.

4. Deutscher Systemweg und Priorisierung

Priorisierung und Rationierung werden gelegentlich als zwei Seiten einer Medaille gesehen. Andere bewerten Priorisierung als etwas durchaus „anderes", oft verbunden mit dem Wunsch, mit dem schnöden Wort der „Rationierung" nicht in Verbindung gebracht zu werden. Priorisierung ist eine ziel- und oft auch wertorientierte Steuerungstechnik der Rationierung. De facto macht sie in einem theoretischen Schlaraffenzustand keinen Sinn. Wo Überfluss nicht erschöpft werden kann, braucht man sie zumindest nicht aus wirtschaftlicher Notwendigkeit. Solche Welten gibt es jedoch nirgends, noch hat es sie jemals gegeben.[8]

Auch wenn unbequem, so sind somit Rationierung und Priorisierung inhaltlich nicht zu trennen: rationiert man ohne sich über die Relevanzkaskade der anstehenden Ausgabensegmente klargeworden zu sein, so ist dies ein Sprung ins Dunkle. Im Zweifel würden einmal mehr die schwächsten Glieder der Gemeinschaft benachteiligt. Deutschland hat nach wie vor im EU-Vergleich keinen Anlass, diese Rationierung panisch, nur nominell – also mit dem kurzfristigen

---

[8] Die mickerigen Ausgabenbudgets der medizinischen Breitenversorgung etwa Anfang der 1950er Jahre zeigen doch nur, dass der Ausgabenfaktor „wissenschaftlicher Fortschritt" in Verbindung mit dem sozialrechtlichen Teilhabegebot ursächlich war und ist für die unvermeidlichen und auch vermeidbaren Kostensteigerungen.

Ziel der Vermeidung eines Systembankrotts – und unter enormem Zeitdruck durchzuführen. Nach wie vor gibt es weitflächige Überversorgung, darunter auch Leistungspositionen, die ihren priorisierungsbegründenden Stellenwert für die Volksgesundheit durchaus nachweisen sollten. Dennoch besteht aus verschiedenen Gründen eine politische Scheu davor, die Notwendigkeit einer Rationierung – deren Existenz kaum jemand bestreitet – offen und transparent zu erörtern. Dabei wird die unterstellte Reaktion des Bürgers vorauseilend zum Hemmschuh der politischen Tätigkeit. Es darf angenommen werden, dass vielen Menschen klar ist, dass die Mittel des Gesundheitswesens nicht unendlich sein können. Mithin sind sie so zu verteilen und einzusetzen, dass ein größtmöglicher Nutzen für möglichst viele auf möglichst lange Zeit damit bewirkt werden kann. Vieles in unserer Systemstruktur macht dies schwieriger als in zentralistischen (minimalen) Versorgungswelten, wie den Staatsbewirkungstypen in Großbritannien oder Skandinavien. Insbesondere verbietet es sich, die dort entwickelten und wissenschaftlich weltweit propagierten Lösungsmechanismen eins zu eins auf unsere andersartige Systemlandschaft zu übertragen. Dies gilt für den „QALY-Kult" ebenso wie für die wartelistengesteuerte Zugangskontrolle in der fachärztlichen ambulanten oder stationären Versorgung.[9] Was im zentralistischen und behördlich gesteuerten Ausland eine anordnungsfähige Entscheidung „von oben" ist und mithin alle Prozessbeteiligten bindet, wäre bei uns ein in zahlreiche Segmente der Versorgungsbewirkung zu untergliederndes Geschehen mit einem überaus hohen individuellen Element. Nach wie vor bestehen im deutschen System relativ höhere Freiheitsgrade – insbesondere durch Selbstverwaltung und Wahlmöglichkeiten des sozial versicherten Patienten. Dies ist geradezu ein Alleinstellungsmerkmal unserer Systemwelt. Kaum irgendwo sonst vermag ein „Systempatient" Einfluss auf die Wahl seines Arztes auszuüben. Dies funktioniert infolge der – ebenfalls individuell – freiberuflichen Struktur der niedergelassenen Ärzteschaft. Kein Staatsbewirkungsmodell – also eine poliklinische Versorgung in Staatsträgerschaft und Steuerfinanzierung – wäre hinreichend ausgestattet um dies sicherstellen zu können, noch würde ein wirkliches Interesse daran bestehen, da in einem solchen Model eine abstrakte Bedarfsdeckung statt individueller Pati-

---

[9] Zur vertieften Erörterung der angelsächsisch-skandinavischen Praktiken siehe das Kapitel 6 um internationale Ansätze und deren Übertragbarkeit auf unsere Systemwelt.

entenversorgung im Zentrum steht. Mithin ist jedoch der niedergelassene Arzt sowohl Sozialakteur mit mehr oder minder hohen ethisch-professionellen Grundsätzen, als auch „Kaufmann" mit erklärlichen betriebswirtschaftlichen Interessen. Die Einbindung in die so verschiedenen Rechtskreise des Sozialrechts und des Zivilrechts zeigen Folgen. Nur bei uns besteht daher die Realität eines elementaren Rechtsebenenkonflikts aus Beachtung der schwach definierten Rationierungsgrenzen des Sozialgesetzbuches und ggf. Wahrung der haftungsrechtlich erforderlichen medizinischen Mindestaktivitäten. Ein Systemarzt des NHS oder einer schwedischen Poliklinik wäre sogar in Ausübung seiner Amtstätigkeit von individuellen Haftungsansprüchen befreit. Das ganze System entlastet sich mit der kollektiven Patientenversicherung, deren minimale Leistungen im Versagensfall des Arztes stets den rechtlich einwerbbaren Haftungsrahmen definieren.[10]

Priorisierungsansätze könnten zudem nicht nur im Basisverhältnis zwischen Arzt und Patient Wirkung zeigen. Gäbe es eine übergeordnete fiskalpolitische Priorität für die Volksgesundheit – stünde diese also in der Werteskala über „Schnittblumen", "Tiernahrung" oder „Taxifahrten", so gäbe es Hoffnung, den nur bei fünf EU-Mitgliedstaaten angewendeten vollen Mehrwertsteuersatz auf verordnungspflichtige Arzneimittel nach Relevanz des Präparates abzusenken oder zu streichen.[11] Ebenso gäbe es denkbare Ansätze, als langwierig und kostenträchtig erkannte Krankheitsverläufe „priorisiert" zu versorgen, frühzeitiger zu diagnostizieren und vernetzter zu bekämpfen. Immer wieder gab es durchaus ehrliche Ansätze, allein im Flickwerk der durch zahllose Interessenkonflikte zerklüfteten gesundheitspolitischen Zielformulierung verhedderten sich die meisten Vorschläge.

---

[10] Dies ist die Inversion des US Modells vom „punitive damage" mit teilweise nicht mehr beherrschbaren Prämien für ärztliche Berufshaftpflicht, bis hin zu nachteiligen Auswirkungen für bestimmte Versorgungssegmente – z. B. Geburtshilfe – in speziellen Landesteilen.

[11] Dies illustriert die Ambivalenz politischen Handelns: der einst propagierte Paradigmenwechsel zu mehr Steuerfinanzierung statt „lohnkostenrelevanter" Beiträge wurde zeitlich begleitet von einer deutlichen Mehrwertsteuererhöhung, u. a. Hunderte von Millionen an zusätzlichen Staatseinnahmen aus den Kassen der GKV.

5. Wer hat das Recht auf Mitwirkung an Priorisierungsansätzen?

Ernstgenommene Priorisierung ist ein sowohl kollektiv als auch individuell zu vermittelnder Prozess mit einer vermutlich komplizierteren Bewusstseinsbildungsphase. Verkürzt man dies, wie in den linearen Leistungsausgrenzungen der Vergangenheit, so kann man nur eingeschränkt auf Patientenverständnis hoffen. Klarerweise gehört eine lückenlose Vernetzung der bewirkten Leistungen mit den entstandenen Kosten – einzelfallbezogen – dazu. Dies entspräche einem ambulanten Leistungskonto, vermutlich beim Sozialversicherungsträger zu führen. Bislang konnte dieses Transparenzmodell keine flächendeckende Unterstützung gewinnen. Priorisierungsziele – es sollte eindeutigerweise mehr sein, als ein Euphemismus für lineare Leistungskürzung und schlichtes Vorenthalten – wären idealiter zwischen Leistungserbringern und Kostenträgern im Rahmen einer dazu geeigneten gesetzlichen Regelung auf vertraglicher Grundlage festzulegen. Vereinzelte Maßnahmen vergleichbarer Art – etwa das Ausklammern von Vorsorge- und Früherkennungsaktivitäten aus dem Katalog der zuzahlungsbelegten Leistungen oder der Praxisgebühr – gehen schon in diese Richtung. Es wäre bedenklich, den Inhalt des jeweils zu Priorisierenden allzu stark zu individualisieren. Ein Flickenteppich an Versorgungswelten könnte die negative Folge sein. Ebenfalls gefährlich ist es – dies unterscheidet unser System von anderen – dem Staat allein die Definitionsmacht zuzuweisen. Solange wir unsere relativ höheren Freiheitsgrade bewahren wollen – dafür gibt es in Kenntnis der übrigen EU-Versorgungswelten staatsnäheren Typs viele Gründe –, wäre es fatal, dem Staat, der in grundsätzlich kürzeren Zeithorizonten Politik gestaltet als ein Gesundheitssystem, diese Macht einzuräumen. In zunehmend schwierigeren politischen Zeiten, wäre dem Stimmenfang aus kurzfristigen Opportunitätsgründen ein weiteres Tor geöffnet.

Man sollte vielmehr überlegen, ob nicht die Selbstverwaltung der geeignete Adressat für solche Arbeiten – natürlich auf eindeutig definiertem Rechtsrahmen – wäre. Nur hier treffen sich Zahler, Versicherte und Leistungserbringer in fachlich versierten Gremien. Dies böte die Chance auf behutsame Einführung einer sich allmählich im Lichte besserer Bedarfskenntnis verdichtenden Priorisierungslage. Nicht die Senkung einer x-beliebigen Lohnnebenkostenquote bis zu einem politischen Stichtag wäre entscheidend, sondern eine intelligentere Steuerung eines laufend komplexer werdenden Geschehens am Gesundheitsmarkt. Zielkonflikte können dann entstehen, wenn ein und derselbe niedergelassene Arzt für GKV-Patienten „priorisiert" und den PKV-Kunden oder Selbstzahlern einen möglichst dichten Teppich an Angeboten knüpfen möchte. Dies kann sicherlich ethisch beherrscht werden, allein bliebe die Versuchung zur Lenkung komplementärer Nachfrage eine latente Gefahr, auch und gerade für die Akzeptanz des Geschehens. Ginge es wirklich nur um Leistungsreduktion zu Lasten öffentlicher Kassen durch Abdrängen in ergänzenden Privatkonsum, so wird es leicht problematisch. Hier unterscheiden sich etwa Großbritannien, mit einem ziemlich offenen Bekenntnis zum Privatkonsum ohne Wartelisten und Schweden, das private medizinische Angebote weitgehend verbietet. Erst in jüngster Zeit hat die EU-Rechtsentwicklung den europäischen Markt als Nachfrageziel für inländische Wartelistenpatienten eröffnet. Bis heute gibt es in Skandinavien damit praktische Probleme, bis hin zum administrativen Totschweigen der Option europäischen Rechts.[12] Möglicherweise kann eine zweckdienlich konstruierte Rahmengesetzgebung zusammen mit gutem Willen aller Beteiligten auf entsprechend gestalteter Vertragsgrundlage, hier vorbeugen. Ein solcher qualitätsvernetzter Rahmen hätte bisweilen die Chance, zu gelegentlich betriebswirtschaftlich erklärbarer Überversorgung von PKV-Versicherten eine rationale und qualitätsgesicherte Alternative zu bieten.

Politisch und moralisch wäre jedenfalls eine Option angreifbar, die auch nur in Einzelfällen das rote Tuch der Abdingungserklärungen und ihrer Rechtsfolgen in diesen Prozess einschlösse, oder den Übertritt zur PKV im Arztzimmer propagierte.[13]

---

[12] Dies dient der Kommission in Brüssel als Begründung, dass die grenzüberschreitenden Patientenrechte sozial-„versicherter" Systempatienten im Rahmen europäischer Rechtssetzung – per Richtlinie zu lösen wären. Der augenblicklich vorliegende Textvorschlag hat nach langer Zeit gute Aussichten auf Verwirklichung.

[13] Der gegenwärtige Rettungsprozess für den PKV-Vollschutz könnte mit der Abwahl der amtierenden Regierung ein abruptes Ende finden. Weder die Selbstzahlereigenschaft noch Vorleistungsverpflichtung sind für die meisten Menschen eine erstrebenswerte Alternative.

Versäumen wir eine Feinkalibrierung etwaiger Priorisierungs- und Rationierungsansätze auf die ordnungspolitischen Merkmale unseres Systems, so laufen wir Gefahr, die vorhandenen Strukturen nachhaltig zu schwächen. Am Ende stünde eben keine, von Manchen einst ebenso lautstark wie unüberlegt geforderte „Privatisierung" – diese Zeiten sind vermutlich auf lange Sicht ausgeträumt – sondern eine Verstaatlichung auf einem an politischen Interessen formulierten Niveau. Nahezu alle Beteiligten – außer der Politik – wären dabei auf der Verliererstraße, zumal man in Zeiten wie den heutigen Bestandspositionen eigener Gestaltungsmacht nur einmal weggibt. Sie kehren niemals wieder zurück.

6. Ein Blick über die Grenzen – Großbritannien, Frankreich und Schweden

Priorisierung könnte geradezu eine angelsächsische Erfindung für die Gesundheitsökonomie sein. Nirgendwo sonst gibt man sich derartig viel Mühe damit, diesem Verfahren, das durch üblicherweise lange und mehrschichtige Wartelisten begleitet wird, ein so unangreifbares mathematisches Logikkostüm zu verpassen. Gemeint ist damit der Stolz britisch-amerikanischer Universitäten: die QALYs – oder auch „quality adjusted life years". Deren Vermehrung zu bestimmten, systemseitig definierten Preisen ist hierbei des Pudels Kern. Kostet also die Verlängerung eines QALYs um die 20.000 englische Pfund – rund 23.000 Euro, so ist die Welt in Ordnung. Bis rund 30.000 Pfund bzw. 34.000 Euro sind Zugeständnisse möglich, darüber gehende Aufwändungen werden eher abgelehnt. Das QALY sitzt nun jedoch keineswegs unter jedem Tisch im Behandlungszimmer des Hausarztes. Vielmehr ordnet seine Rechenwelt a priori das verfügbare Versorgungsgeschehen. Überwacht und intellektuell gesteuert wird dies von NICE – dem „National Institute for Clinical Excellence", einer systemtechnisch bedingt konzentrierteren Form des deutschen IQWiG. Zwar ist auch NICE nicht notwendigerweise einzelfallbindend, doch versteht sich das

---

Der Leistungseinkauf macht schließlich kaum einen Sinn sondern erfolgt weitgehend atomistisch.

britische System als wissenschaftlich gesteuerte Planwirtschaft mit kollektiv vorgegebener Zielsetzung. In einer Versorgungswelt mit abhängig Beschäftigten und einer – ihrer Vergütung nach – nicht am Einzelfall orientierten Leistungserbringerschaft funktioniert dies recht einfach. Was der NHS – das britische Staatsbewirkungsmodell – nicht anbietet, kann der Patient zu dessen Lasten auch nicht einklagen. Im Unterschied zu Deutschland gibt es also einen eng definierten Leistungskatalog, statt eines teilhabegebrochenen offenen Versorgungsversprechens auf der Grundlage geltender politisch zu formulierender Regeln.[14]

Schweden gibt sich eher politische Mühen, mit einer parlamentarisch abgesegneten Priorisierungsstaffel von medizinischen Interventionsformen und Zielen. Die Realität ist allerdings durch lange Wartelisten geprägt, zumal, seit zur Jahreswende 1992/1993 der beinahe Staatsbankrott nur mühsam abgewendet werden konnte. Seither hat Schweden – einst ohne Zweifel die großzügigste Sozialwelt überhaupt – sich von Engpass zu Engpass gehangelt. Die Priorisierungsstufen dienen denn auch vermutlich eher zur nachgelagerten Rechtfertigung, als dass ein Handlungsspielraum erkennbar wäre, sie als einzigen – nicht durch flächendeckenden Kapazitätsmangel begleiteten – Rationierungsansatz zu bewerten. Herrscht schon Mangelsteuerung, so tritt „Priorisierung" in akademischer Ergänzungsform diesem sozialpolitisch eher düsteren Szenario an die Seite. Sie kann dabei helfen zu begründen, weshalb etwas Beklagenswertes so sein muss, wie es nun einmal ist; vielmehr jedoch nicht. Dies ist jedoch ein eher rückwärtsgewandter Ansatz ohne große Zukunftskompetenz. Selbstredend wird „priorisiert", wenn die OP-Kapazitäten nur für 45% der Patienten reichen. Allerdings ist dies eher ein schwacher Versuch, ein System in einem viel zu späten Stadium wissenschaftlich in seinem unbefriedigenden Zustand zu entlasten. Rechtzeitig und pro-aktiv angewendet, vermag Priorisierung zwingend erforderliches Rationierungsgeschehen verständlicher und hinnehmbarer werden zu lassen. Sie kann auch Ressourcen in sozial produktivere

---

14 Der einst so keck formulierte „Grundsatz der Beitragsstabilität" war hier bei uns politisch definierter Einstieg in unterschiedliche Formen der Rationierung. Ziel war damals vorwiegend die Begrenzung der Lohnnebenkosten, weniger der Fortbestand einer vergleichbaren Versorgungsqualität in einem fortschrittsgeprägten Angebotsrahmen und zeitgleich einem demografischen Wandel.

Verwendungen leiten. Statt reihenhafter Verordnungen von Medikamenten zweifelhafter Effektivität, könnte man gezielter und kausaler vorgehen.[15]

Frankreich schließlich zeigt sich – trotz des seinerzeit so spektakulären WHO-Systemrankings[16] – eher schwerfällig und politisch einfallslos. Das System hängt gestaltungstechnisch völlig an der jeweiligen Politik. Der jedoch fehlt seit Jahrzehnten der Mut zu echten Reformen. Man geht Konflikten möglichst aus dem Weg oder setzt Prioritäten in anderen Sozialbereichen, etwa bei der Alterssicherung. Privaten ambulanten Leistungsanbietern stehen ausschließlich Kassenpatienten gegenüber. Nur wenige französische Ärzte können Selbstzahler behandeln – sogenannte „médecins non-conventionés". Eine substituierende private Krankenversicherung ist unbekannt; ihr Sinn und Seinszweck wäre dort auch nicht vermittelbar. Ohne Systempatienten fließt demnach so gut wie kein Geld. Die Erstattungssätze der „actes médicaux" – Aktivitäten jedweder Berufsgruppe im Gesundheitswesen als Vergütungsgrundlage – legt der Staat „im Benehmen" mit den Leistungserbringern, den Krankenhäusern und den Kostenträgern fest. Budgetierungen sind vorhanden, jedoch eher willkürlich als Regress nach Kassenlage. Bisweilen wurden sie auch rückwirkend in die fernere Vergangenheit angewendet. Die Basisversicherung leistet üblicherweise 60% der ambulanten und 80% der stationären Leistungen. Für den Rest gibt es entweder die Mutualité oder die „assurance maladie universelle" für die Geringverdiener. Weder das Zusatzversicherungskonzept noch die – de facto mittlerweile aufgegebene – „Kostenerstattung" entfalteten zu irgendeiner Zeit

---

[15] Man denke etwa an eine rechtzeitige medikamentöse Therapie der Osteoporose mit dem Ziel einer Vermeidung oder Verminderung der komplizierteren Folgefälle, die oft durch Frakturen und aufwändige Hospitalaufenthalte gekennzeichnet sind. Ebenso wäre einer sozial-medizinische Frühintervention gegen Adipositas bei Kindern und Jugendlichen sicherlich von materiellem und moralischem Gewinn, auch für die Kassen des Versorgers. Sinnvolle und die Behandlungsqualität steigernde Programme zum Krankheitsmanagement sind weitere Faktoren aus diesem Überlegungskreis.

[16] Vor entlichen Jahren bewertete eine WHO-Studie zweifelhafter Machart Gesundheitssysteme nach selbst definierten Faktoren. Deutschland landete nur auf Rang 22, deutlich nach Frankreich, aber auch Großbritannien. Einzige greifbare Folge war ein Stopp sämtlicher Systemrankings in der Kongressliteratur und im offiziellen Studienrahmen. Verzückt hatten die Untersuchenden in Frankreich offenbar die nicht oder nur gering begriffene zentrale Stellung des Staates neben der umfassenden Versicherungspflicht. Gerade war die bis heute kaum finanzierbare „assurance maladie universelle" – Scheinmutualität für Minderbemittelte – eingeführt worden.

nachhaltig kostendämpfende Wirkung. Gerade die Kostenerstattung – bei uns nach wie vor ideologisch überhöht wahrgenommen – musste dem Rationalisierungsfortschritt einer zentralen kartengestützten Abrechnung weichen.[17] Der vermutlich vielen deutschen Überlegungen zur Kostenerstattung zugrundeliegende Gedanke einer Erhöhung der im System verfügbaren Finanzmasse durch Reduktion des GKV-Leistungsumfangs auf Teilkostenerstattung eines – wie auch immer festzulegenden – letztendlichen „Gesamtpreises" würde in Frankreich nicht einmal verstanden werden, und wenn doch, nur als unsoziale einseitige Krankenbelastung allgemein verurteilt. Merkwürdigerweise ziehen Leistungserbringer wie Patienten in Frankreich häufiger am selben Strang: dem Erhalt einer – dort alternativlosen – umfassenden sozialen Versicherung. Wo Konflikte offen zutage treten, etwa bei der Einführung des obligaten Hausarztmodells, entscheidet nahezu allein der allmächtige Staat. Finanziell ist das französische System ebenso großzügig in der Leistungsgewährung wie hoffnungslos verschuldet. Seit Jahrzehnten reichten weder der einstige Beitrag von seinerzeit 19,2%, davon zwei Drittel finanziert durch die Arbeitgeber, noch die seit 1997 gültige Mischfinanzierung aus Steuern und Arbeitgeberbeiträgen. Der soziale Konsens in Frankreich ist dünn; nirgends liegt der Klassenkampf – in oft archaisch anmutenden Formen – bei ernsten Konflikten weit weg. Also werden einmal getroffene Kompromisse auch dann gehalten, wenn sie längst von den Realitäten überholt wurden. Die französische „Bürgerversicherung" benutzt die für diese Spielart typische Mischfinanzierung aus „unverrückbaren" Arbeitgeberanteilen, Steuern durch die Versicherten, Zusatzsteuern durch die Versicherten sowie direkte Staatszuschüsse und solche verschwiegener Art. Die Letztgenannten sind europarechtlich besonders spannend, da sie seit Jahren Ursache der Brüsseler Mahnverfahren gegen den Defizitsünder Frankreich gewesen sind. Seit langem schreibt die „Sécu" beim Staat an, mal sind dies 13 Mrd. Euro pro Jahr, zuletzt im letzten Hoffnungsjahr vor der weltweiten

---

[17] Kostenerstattung bedeutete in Frankreich vollumfänglichen Leistungsempfang gegen eine finanztechnische Geldbewirkungsleistung. Damit war keine Erhöhung des Belastungspotenzials verbunden. Der Kostenkenntniseffekt – bei uns eine rechte Chimäre – zeigt in Frankreich nicht die geringste nachfragereduzierende Wirkung, außer bei Minderbemittelten, zu deren Gunsten man dann das kostentreibende aber sozial „gerechte" Konzept der Universalversicherung folgen ließ. Heute wird durchweg über die carte vitale abgerechnet. Sowohl für die Basisversicherung, als auch für die Mutualität.

Krise, gelang die Rückführung auf „nur" 7,8 Mrd. Euro zusätzlicher Schulden der Basis-Krankenversicherung. Dies ist ebenso „maastrichtrelevant" wie politisch komplex: keine politische Kraft könnte es wagen, mit Aussicht auf politische Zukunft den umverteilenden Sozialstaat in Frage zu stellen. Privatisierung ist weitgehend ein dem US-System des George W. Bush zugerechnetes Gruselinstrument. Selbst simple Allokationsverbesserungen – etwa durch sozialgewichteten Wettbewerb, nicht als Selbstzweck sondern als ökonomisches Werkzeug – lösen verbreitet Fassungslosigkeit aus. Als seinerzeit die „linke" SPD-Bundesgesundheitsministerin Ulla Schmidt das „Wettbewerbsstärkungsgesetz" vorlegte, stieß dies in Frankreich auf unerhörtes politisches und fachliches Interesse. Eine „Sozialistin" möchte in der „Sozialversicherung" den Wettbewerb stärken. „Wettbewerb" galt und gilt vieler Orten in Frankreich als völlig unvereinbar mit einem an Staatsnormen und daher „immer" gerecht und optimal zu steuernden Verwaltungsprozess. Genau hier geraten auch die Überlegungen ins Hintertreffen, die bei uns eine „Rationierung" medizinisch „priorisieren" würden: die Fachebene hat im französischen Reformprozess so gut wie nichts zu melden. Vermutlich ist es heute der Staatspräsident – und er allein – der sich noch öffentlich zu Systemfragen und der sozialen Zukunft der französischen Gesellschaft äußern darf. Jedenfalls führen sowohl die Fachminister, als auch der Ministerpräsident – ja, den gibt es tatsächlich noch – ein Schattendasein. Damit ist Gesundheitspolitik zwar in Staatshand, jedoch völlig dem politischen Interesse unterworfen. Entscheidet man sich etwa für eine dringend und zwingend erforderliche Rentenreform im öffentlichen Sektor – von gegenwärtig 58 auf immerhin 62 Altersjahren – so ist keinerlei Spielraum für eine zeitgleiche Diskussion von Prioritätsfragen im Gesundheitswesen denkbar. Zu verheerend wäre der Vorwurf einer umfassenden Arbeitnehmerfeindlichkeit und flächendeckender Sozialdemontage. Sofort verspräche die Opposition goldene Berge im flachsten Land, auch und gern im Vollbewusstsein, diese Versprechungen niemals umsetzen zu können. Weiter als bis zur nächsten Steuererhöhung – Frankreich hat an Gesamtbelastung Schweden weit hinter sich gelassen, weil es immer weniger zurück gibt – kommt man vermutlich nicht. Beim nächsten Wahlkampf endet der politische Horizont, und damit auch die Steuerungskraft des Gesamtsystems in Ermangelung anderer Einwirkungsmöglichkeiten. Dies ist auch bei uns ähnlich, doch verkraften wir mehrschichtige Diskussionen, zumindest wenn sie nicht alle von den gerade Regierenden ausgelöst werden. Es zeigt sich, wie wertvoll es ist, die Systemherrschaft nicht dem Staat allein zu überlassen. Im angelsächsisch-skandinavischen Staatsbewirkungsmodell ist dies schon bedenklich. Dort immerhin steht der Staat dann auch als Versager in der Kritik. In Frankreich regelt er im Hintergrund umfassend. Die äußere Verantwortung tragen jedoch nachgeordnete – gestalterisch kompetenzlose – Ebenen der Verwaltung und die Akteure selbst.[18] Ansätze zur Priorisierung sind weitgehend augenblicksgegeben und diffus: es gab einen Versuch zur Stärkung der Generika durch Sanktionen und Anreize. Unterversorgte Regionen wurden zunächst – erfolglos – durch finanzielle Anreize Ärzten der ambulanten Versorgung schmackhaft gemacht, mittlerweile ist dies ein eher angeordnetes Geschehen. Zwischen den Versorgungsebenen klaffen Korrespondenz und Kooperationslücken. Der Trend zur Abschiebung von komplexen Leistungsfällen in die stationäre Versorgung ist ungebrochen. Immerhin gibt das französische System nahezu 50% seiner Leistungsausgaben für Krankenhauspflege aus. Im Pharmabereich gibt es eine – landestypische – Tendenz zur eindeutigen Bevorzugung der eigenen Industrieinteressen. Diese sind – nach Urväterart – stets mit der jeweils mächtigen Politik bestens vernetzt; Parteizugehörigkeit beliebig.

Kommt es zu nationalen Kollektiverkenntnissen über eklatante Mängel in der Versorgung – man denke an den Skandal der Verabreichung HIV verseuchter Blutprodukte an Hämophiliepatienten vor vielen Jahren oder an die infrastrukturell erklärbare Sterbehäufigkeit in technisch unzulänglich ausgerüsteten Pflegeheimen vor wenigen Jahren – werden Verantwortliche der niedrigeren Ebene ausgetauscht und neue Gelder bereitgestellt. Es erfolgt – durchaus großzügig, wenngleich zeitlich nachgelagert – eine amtliche Kompensationsreaktion. Vorausschauend geht jedoch nur wenig. Es zeigt sich, dass der am engen eigenen Polithorizont orientierte Staat nach Abschaffung des letzten Restes an tätiger Selbstverwaltung in Frankreich im Jahre 1997 die Perspektive des Systems nicht beherrscht.

---

18 Bezeichnend war die Verantwortungsverlagerung für öffentliche Spitäler auf die Regionen. Dort gab und gibt es zwar keine eigene Mittelhoheit, jedoch nunmehr politisch-administrative „Kompetenz" Entscheidungen treffen zu müssen. Die Mittel dazu teilt „Paris" aus. Bequem kann im Fall der Unzufriedenheit dann die regionale Ebene als Puffer verwendet werden.

7. Priorisierungshorizont Europa?

Seit etlichen Jahren versucht die EU recht erfolgreich in den allseits als „subsidiär" angesehenen Politikbereichen der sozialen Sicherheit direkt oder häufiger indirekt Einfluss zu nehmen. Dies geschieht insbesondere in Verbindung mit den im Zuge der Wirtschafts- und Währungsunion verdichteten Brüsseler Ansprüchen auf partielle Lenkung grundlegender wirtschafts- und währungspolitischer Beschlüsse. Zwar wendet „Brüssel" relativ viel verbale Kraft für die Darstellung seines „europäischen Sozialmodells" auf, die Zweifel, dass es ein solches überhaupt gibt, sind dennoch gewachsen. Im Gesundheitswesen ist dies mehr als berechtigt: den 27 Mitgliedstaaten stehen ebenso viele strukturell und materiell völlig unterschiedlich gestaltete und betriebene Systeme gegenüber. Aus Sicht des zu versorgenden Patienten ist dabei die Streuung nach Großzügigkeit, Einzelfallgerechtigkeit, Ehrlichkeit und Stabilität enorm. Zwischen Luxemburg und Rumänien etwa klaffen nahezu unüberbrückbare Gefälle. Deutschlands – zumindest bei uns – vielfach gescholtenes System braucht sich im Lichte der Sozialversicherungsrealität keineswegs zu verstecken.

Durch den auffällig höheren Grad an individuellen Freiheiten bei der Mitgestaltung durch Selbstverwaltung statt direkter Staatsregelung – z.B. Wahlmöglichkeiten des Patienten bis hin zur Freiberuflichkeit vieler Leistungserbringer – zeigt unser deutsches System neben einem überaus hohen Deckungsgrad bei moderner Versorgungsqualität Eigenschaften, die sich kaum andernorts finden lassen.[19] Für Millionen Miteuropäerinnen und Miteuropäer sind die bei uns so leicht als „unvollkommen" disqualifizierten Ansätze des sozialen Gesundheitswesens eine kaum vorstellbare Versorgungswelt.[20]

---

[19] Es sollte nicht vergessen werden, dass Selbstverwaltung – zwischen Ärzten und Krankenkassen sowie als Regelungsebene zwischen Versicherten und Verwaltung – wenn abgeschafft, nur den Staat höchstselbst in neue Verantwortlichkeit bringen würde. In Anbetracht der negativen Erfahrungen mit staatsgelenkten Versorgungswelten sollte man sich davor hüten, hier scheinbare strukturelle Einfachheit zu gewinnen und Freiräume zur Individualgestaltung nachhaltig einzubüßen. Leider ein in der Öffentlichkeit kaum so betrachtetes Phänomen.

[20] Eigene Systemkritik hat durchaus ihre Berechtigung, wenn sie statt der Erhöhung der eigenen Wichtigkeit durch lautstarkes Verkünden von Untergangsszenarien der werthaltenden

Allerdings stehen nicht erst seit der Lissabonstrategie – einer gemeinsamen EU-Wachstumsübung – die Sozialsysteme pauschal auf dem „Prüfstand". Plötzlich redet Brüssel direkt mit, wenn es um Regelung solcher subsidiären Sachverhalte geht. „Lohnnebenkosten"[21] werden aufgespürt. Ihre nominelle Absenkung allein sollte schon sicherstellen, dass es am Arbeitsmarkt zu Einstellungshandlungen kommt.[22] Somit wurden – nicht nur in Deutschland – vielerorts Systemreformen aus systemfremden Erwägungen eingeleitet. Ein nach wie vor anhaltender Prozess. Zusätzlich schaffte sich Brüssel eine Reihe technischer Möglichkeiten zur „beratenden" Mitgestaltung, etwa die so genannte „Offene Methode der Koordinierung". Dieses freiwillige Institut zur Erörterung spezieller landestypischer sozialökonomischer Fragestellungen im EU-Rahmen wurde schon vor Jahren auf das Gesundheitswesen übertragen. Zwar blieben nachhaltige Auswirkungen bislang aus, doch ist eine Plattform geschaffen, um bedarfsweise inhaltliche Eigenschaften oder technische Lösungen vergleichend zu erörtern.[23] So wird es kaum verwundern, dass eine heute offen geführte Wertedebatte in der sozialfinanzierten Gesundheitswelt vermutlich rasch von Brüssel dazu instrumentalisiert würde, anhand tatsächlich oder vorgeben „objektiver" gesamteuropäischer Kriterien, Ziele, Qualitäten und Aufwände für solche Systeme im Lichte der Leitgedanken einer höheren Vergleichbarkeit zwischen den Mitgliedstaaten zu analysieren. Der Weg zur Unionisierung der dem individuellen Sozialsystem zugrundeliegenden gesellschaftlichen Wertvorstellungen wäre eröffnet. Dass sich eine solche (Mit-)Steuerung gerade heute und noch verstärkt morgen im Zeichen der beginnenden „Transfer-

---

und zukunftsgerechten technischen Anpassung unseres Systems an veränderte Umfeldbedingungen dient. Kein System kann mit Aussicht auf Erfolg statisch, d. h. unveränderbar – existieren und vom Umfeld keine Notiz nehmen. Kaum irgendwo wurde dies so deutlich wie in den zurückgelegten Strukturveränderungen des GKV Systems der vergangenen 20 Jahre.

21 Man schuf dazu eigens diesen Begriff statt der bewährten Terminologie von produktivitätsgewogenen Faktoren wie Lohnstückkosten und Arbeitskosten.

22 Der Nachweis dazu – etwa die Anzahl an durch die Neuregelung Zahnersatz tatsächlich geschaffenen neuen Arbeitsplätze – blieb weitgehend aus, bzw. wäre nahezu unmöglich zu führen.

23 Existentielle Konflikte – etwa anhaltende Nichtanerkennung der EU KV-Karte, grob rechtswidrige Zustände in vielen EU Systemwelten durch Schattenwirtschaft und obligate Schmiergeldzahlungen werden in Brüssel hingegen selten und stets ungern diskutiert. Die Illusion einer strukturellen quasi-Identität der Sozialwelten – wenn schon Harmonisierung nicht geht – soll nach Möglichkeit erhalten bleiben.

union" bestens eignet, um Brüsseler Mehrwert zu unterstreichen, liegt auf der Hand.

Dabei wäre man „moralisch" kaum schlecht positioniert: es ist in der Tat ein gewaltiger Unterschied, ob ein Mensch mittleren Alters seinen Herzinfarkt in München oder in Sofia oder Bukarest erleiden muss. Die Versorgung chronisch Kranker ist in Belgien oder Luxemburg, Deutschland oder Österreich ganz anders als in Ungarn, Lettland oder Griechenland. Faktum ist nur, dass die Zahl der hochwertigen Versorgungsregionen eher abnimmt. Gerade staatsgelenkte Systeme in Steuerfinanzierung sind durch die auf die öffentlichen Haushalte überwälzten Krisenfolgen der Weltwirtschaft in akute Existenznot geraten, bzw. stürzen gerade ab. Dabei ist die Betroffenheitszone keineswegs auf die latenten Krisenstaaten des Südens oder Ostens beschränkt. Die jüngsten britischen Sparbeschlüsse treffen den unter den letzten Amtsjahren der Regierung Tony Blairs gerade erheblich erstarkten NHS direkt ins Mark. Die Wartelistenverwaltung kann mit den Hiobsbotschaften aus den staatlichen Einrichtungen vermutlich kaum mehr mitkommen. Daraus folgt unmittelbar, dass die Hochversorgungszone Deutschland im Fall einer Europäisierung in der Wertebestimmung für sozialfinanzierte Gesundheitssysteme vermutlich rasch auf die Verliererstraße geraten dürfte. Den Anfängen ist mithin zu wehren.

8. Wirtschaftskrise und Staatslenkung der Systeme

Bedurfte es noch eines Beweises, dass steuerfinanzierte Staatssysteme im Schein vermeintlich höherer Gerechtigkeit den beitragsfinanzierten Varianten unterlegen sind, so hat die aktuelle Krise diesen eindeutig erbracht. Zwar blüht gerade die deutsche Wirtschaft derzeit auf lange nicht gekannter Höhe, doch darf dies nicht darüber hinwegtäuschen, dass verborgene Forderungen in kaum mehr berechenbarem Umfang an allen Ecken und Enden lauern. Käme es zu einem erneuten Platzen einer Blase – die Zeichen dafür sind durchaus mancherorts erkennbar, da man weitermacht, wie vor September 2008 – so würde sich die Unmöglichkeit einer Neuauflage ähnlicher Rettungsbemühungen für den Finanzsektor rasch zeigen. Zudem würden die Garantien und Verbindlichkeiten aus der alten Krise präsentiert. Neben diese Verbindlichkeiten der öffentlichen Hände – egal ob nun in Direktgarantien, Bürgschaften oder Bad Banks – sind im Zuge der vernetzen Rettungsaktionen für strauchelnde Nationalhaushalte potenzielle Milliardenforderungen getreten. Diese sind völlig friedlich, solange sie nicht bewirkt werden müssen. Geschähe dies aber, so wäre der Effekt vermutlich verheerend.

Wie dem auch sei, der Staat und alle seine Haushalte stehen unter dem Damoklesschwert sowohl der Binnenverbindlichkeiten zum Finanzsektor als auch der großzügig eingeräumten EU-Rettungsschirme für bestimmte Unionsmitgliedsstaaten. Dies macht auch bei sprudelnden Steuereinnahmen sowohl eine Konsolidierung des Haushalts problematisch.

Zudem könnten äußere Einflüsse – etwa der Zusammenbruch der griechischen, irischen, spanischen oder portugiesischen Marktrefinanzierungsfähigkeit – jeder Zeit den Urknall der freiwilligen Systemhaftung in der EU auslösen. Schwer vorstellbar, dass steuerpolitische Systemlenkungen – schon in der Vergangenheit nicht eben erfolgreich – unter solchen Voraussetzungen eine situationsgerechte Zukunftssteuerung eines hochkomplexen Sozialsystems leisten könnte.[24]

Priorisierung ist systemverwand und muss daher technisch kraftschlüssig den Besonderheiten des jeweiligen Systems Rechnung tragen. In unserem Fall sollten die Verantwortlichen daher dem Gedanken näher treten, Priorisierung dort einzusetzen, wo sie eindeutig zielführend bei der Zukunftssicherung der Versorgungsqualität sein kann. Dafür muss im partnerschaftlichen Dialog über einen politisch zu definierenden rechtlichen Handlungsrahmen diskutiert werden. Vermutlich kann Priorisierung nicht statisch sein – dann berücksichtigte sie die systemtechnischen Veränderungen nur ungenügend. Höchste Aufmerksamkeit gilt der transparenten und überzeugenden Vermittlung ihrer Inhalte an die Allgemeinheit. Schon ein falscher Zungenschlag – etwa eine politisch platte Begünstigung der weitgehend überlebten Welt des selektiven substituierenden PKV-Vollschutzes der risikoäquivalenten Art[25] – würde das Geschehen der Kritik aussetzen, aus „pekuniären" Interessen heraus den GKV-Versicherten zu benachteiligen. Schon der Einsatz von relativ höheren Mitteln für Maßnahme A statt B oder C bei gleichbleibendem Gesamtniveau der Aufwändungen stellt eine Priorisierung dar, die dem Patienten und dem Versicherten gleichermaßen zu vermitteln ist. Ohne Überzeugungsarbeit und dem nachhaltigen Beweis einer Notwendigkeit zum Erhalt der gewohnten Versorgungsqualität für die Zukunft, wäre die künftige Priorisierungsdiskussion eine weitere lineare Leistungskürzung zu Lasten der kranken Versicherten. Das EU-Umfeld zeigt eine Fülle von Systemerscheinungen, darunter solche mit erheblichen Abnützungseffekten, die oft durch rechtzeitiges Unterlassen erforderlicher Maßnahmen in eine für viele Beteiligte weit unangenehmere Situation gekommen sind. Brüssel bietet keinerlei Aussicht auf einen gemeinsamen Wer-

---

[24] Man denke an die Mehrwertsteuererhöhung in ihren Auswirkungen auf die Pharmaausgaben der deutschen GKV. Nur fünf EU-Staaten erheben den vollen Mehrwertsteuersatz auf verordnungspflichtige Arzneimittel, darunter wir. Zeitgleich zur Mehrwertsteuererhöhung diskutierte man vollmundig den Paradigmenwechsel hin zur Steuerfinanzierung in der GKV. Wer erinnert sich noch an rund 13 Mrd. EUR jährlich für die beitragsfreie Mitversicherung der Kinder? Leere Ankündigungen und Versprechungen in Kenntnis der Unmöglichkeit ihrer Umsetzung.

[25] Dies gibt es sonst nirgends in der EU oder darüber hinaus an sozialökonomisch vergleichbaren Orten.

tehorizont für identische Systembehandlung. Im Zeichen der Krise weiten sich die Abstände eher, als dass sie verringert würden. Die politische Anonymität des Brüsseler Geschehens und die unübersehbare Volksferne machen die hier wichtige demokratische Kontrolle sehr schwer. Mithin sollte der Nationalstaat – er hat eben mitnichten politisch ausgedient – hier den geeigneten Rahmen schaffen und den unmittelbar betroffenen Akteuren des Systems Freiräume zur Problemlösung gestatten. Wie bei allen Systemeingriffen im sozialfinanzierten Gesundheitswesen benötigt dies einen ungleich längeren Zeithorizont als eine Legislaturperiode ihn bieten könnte. Mithin sind alle politischen Kräfte – Regierung und Opposition – aufgerufen, nicht durch möglichst spektakuläre Kurzfristreformen, sondern durch auf Wert- und Strukturerhalt gerichtete Systemanpassungen die Voraussetzungen dafür zu schaffen, dass kommende Generationen die Segnungen eines an Staatsferne, Selbstverwaltung und bedeutenden relativen Freiräumen der geschützten Personen orientierten Systems ebenfalls erleben dürfen.

*Christian Katzenmeier**

Der rechtliche Rahmen für eine Priorisierung von Gesundheitsleistungen

1. Einleitung
2. Verfassungsrechtliche Maßgaben für eine Priorisierung/ Priorisierungskriterien
3. Auswirkungen auf das einfache Recht
4. Ausblick
5. Fazit
6. Literatur

---

* Prof. Dr. iur. Christian Katzenmeier ist Direktor des Instituts für Medizinrecht der Universität zu Köln.

1. Einleitung

Unser Gesundheitswesen ist geprägt von einer zunehmenden Ressourcenknappheit bei gleichzeitig ansteigenden Kosten. In jüngerer Zeit wird zunehmend eine „Priorisierung" medizinischer Leistungen als Lösung zur Bewältigung dieser Schere erwogen. Sie wird als Möglichkeit gesehen, die knappen Mittel auf der Grundlage eines offenen Diskurses gerecht zu verteilen und soll an die Stelle einer impliziten Rationierung treten, die die Zuteilungsentscheidung dem behandelnden Arzt aufbürdet.[1] Alle ins Feld geführten Priorisierungsmodelle sind an ethischen Maßstäben zu messen, darüber hinaus bestehen rechtliche Grenzen. Die wichtigsten Vorgaben des Rechts für ein priorisierendes Verteilungssystem stellt die Verfassung auf.

2. Verfassungsrechtliche Maßgaben für eine Priorisierung/Priorisierungskriterien

Das Grundgesetz verpflichtet den Gesetzgeber, für alle Bürger zugängliche funktionsfähige medizinische Versorgungsstrukturen bereitzustellen.[2] Doch lässt es ihm für deren Ausgestaltung einen weiten Gestaltungsspielraum, verfassungsrechtlich unzulässig ist lediglich ein völliges Untätigbleiben oder das aus-

---

[1] Vgl. nur *Nationaler Ethikrat*, Gesundheit für alle – wie lange noch? Rationierung und Gerechtigkeit im Gesundheitswesen, 2006; *Zentrale Ethikkommission bei der Bundesärztekammer*, Prioritäten in der medizinischen Versorgung im System der Gesetzlichen Krankenversicherung (GKV): Müssen und können wir uns entscheiden?, 2000; *dies.*, Priorisierung medizinischer Leistungen im System der Gesetzlichen Krankenversicherung (GKV), 2007; *Schöne-Seifert/Buyx/Ach* (Hrsg.), Gerecht behandelt? Rationierung und Priorisierung im Gesundheitswesen, 2006; *Wohlgemuth/Freitag* (Hrsg.), Priorisierung in der Medizin, 2009; Artikelserie in: DÄBl 106 (2009); Schwerpunktheft ZEFQ 103 (2009), Heft 2; zur neuesten IGSF-Studie: *Osterloh*, DÄBl 107 (2010), A-588; Zusammenfassung der Position der Ärzteschaft bei *Fuchs*, Bundesgesundheitsbl. 2010, 435; s. auch die Beiträge in: *Katzenmeier/Bergdolt* (Hrsg.), Das Bild des Arztes im 21. Jahrhundert, 2009.

[2] *Schulze-Fielitz*, in: *Dreier* (Hrsg.), Grundgesetz, 2. Aufl. 2008, Art. 2 II Rn 96; *Kunig*, in: *v. Münch/Kunig* (Hrsg.), Grundgesetz-Kommentar, 6. Aufl. 2011, Art. 2 Rn 60.

schließliche Treffen ungeeigneter oder gänzlich unzulänglicher Maßnahmen.³ Weitere „Untergrenzen" für die Ausgestaltung des Leistungskataloges wurden bislang nur sehr vereinzelt markiert, etwa durch den sog. „Nikolaus-Beschluss" des Bundesverfassungsgerichts (BVerfG). Danach ist es verfassungswidrig, einen gesetzlich Krankenversicherten, der eine lebensbedrohliche oder regelmäßig tödliche Erkrankung hat, für die eine allgemein anerkannte, medizinischem Standard entsprechende Behandlung nicht zur Verfügung steht, von der Leistung einer von ihm gewählten, ärztlich angewandten alternativen Behandlungsmethode auszuschließen, wenn dadurch eine Aussicht auf Heilung oder auf eine spürbare positive Einwirkung auf den Krankheitsverlauf besteht.⁴ Tragend war der Gedanke, die dem Bürger im Zwangssystem der Gesetzlichen Krankenversicherung (GKV) auferlegte Pflicht zur Beitragszahlung dürfe nicht in einem ganz unangemessenen Verhältnis zu den Leistungen dieser Versicherung stehen. Angesichts der Lebensbedrohlichkeit der Erkrankung sah man diese Grenze im konkreten Fall überschritten.⁵ Bedeutung und Tragweite des in der Entscheidung angesprochenen, verfassungsrechtlichen Individualanspruchs auf eine „Mindestversorgung" des einzelnen gesetzlich Versicherten sind nach wie vor zweifelhaft.⁶ Jedenfalls aber zieht das BVerfG für eine bestimmte, eng umgrenzte Fallgruppe dem Gestaltungsspielraum Grenzen.

---

3   So schon BVerfG NJW 1988, 1651, 1653; NJW 2001, 1779, 1780; vgl. auch *Nettesheim*, VerwArch 2002, 315, 327 f.; *Schulze-Fielitz*, in: *Dreier* (Hrsg.), Grundgesetz, 2. Aufl. 2008, Art. 2 II Rn 86, 89.

4   BVerfGE 115, 25 = NJW 2006, 891. Der Entscheidung lag die Verfassungsbeschwerde eines im Juli 1987 geborenen Beschwerdeführers zugrunde, der an der durch eine genetische Mutation verursachten Duchenne'schen Muskeldystrophie litt. Diese führt zu einem Verlust der Gehfähigkeit, zunehmender Ateminsuffizienz und weiteren gesundheitlichen Beeinträchtigungen und schränkt die Lebenserwartung stark ein, Therapien erlauben bisher nur eine symptomorientierte Behandlung. Der Beschwerdeführer befand sich seit 1992 hierfür in Behandlung u.a. mittels hochfrequenter Schwingungen („Bioresonanztherapie"), wofür seine Eltern einen Betrag von 10.000 DM aufwendeten, deren Übernahme die zuständige Krankenkasse verweigerte.

5   BVerfGE 115, 25, 32.

6   Dies wird auch in BVerfGE 115, 25 nur angedeutet. Zu einem solchen „Existenzminimum" *Herdegen*, in: *Maunz/Dürig*, Grundgesetz, Art. 1 Rn 121; *Kunig*, in: *v. Münch/Kunig* (Hrsg.), Grundgesetz-Kommentar, 6. Aufl. 2011, Art. 2 Rn 60; sowie die Stellungnahme der *Zentralen Ethikkommission bei der Bundesärztekammer zur Priorisierung medizinischer Leistungen im System der GKV – Langfassung*, 2007, S. 16; abrufbar unter http://www.zentraleethikkommission.de/page.asp?his=0.1.53.

Auch die jüngst ergangene Entscheidung des BVerfG zu Regelsätzen nach dem SGB II („Hartz IV") geht von einem grundrechtlich gewährleisteten „Existenzminimum" des menschenwürdigen Daseins aus, das sich aus Art. 1 Abs. 1 GG i.V.m. dem Sozialstaatsprinzip (Art. 20 Abs. 1 GG) herleitet. Dieses Grundrecht „sichert jedem Hilfebedürftigen diejenigen materiellen Voraussetzungen zu, die für seine physische Existenz (...) unerlässlich sind". Hierzu zählt das BVerfG insb. „Nahrung, Kleidung, Hausrat, Unterkunft, Heizung, Hygiene und Gesundheit". Inwieweit Rückschlüsse von diesen Mindestanforderungen an Sozialhilfesätze – unter anderem für die Absicherung gesundheitlicher Risiken – auf den Umfang des Leistungskataloges zu treffen sind, ist unklar. Fest steht allerdings auch hier, dass die aufgestellten verfassungsimmanenten Gewährleistungsrechte „der Konkretisierung und stetigen Aktualisierung durch den Gesetzgeber (bedürfen), der die zu erbringenden Leistungen an dem jeweiligen Entwicklungsstand des Gemeinwesens und den bestehenden Lebensbedingungen auszurichten hat".[7]

Sollten die Gesundheitsausgaben in Zukunft einen Umfang erreichen, der durch die Beiträge der Versicherten nicht mehr gedeckt werden kann, dann dürfte auch die Bereichsausnahme des „Nikolaus-Beschlusses" für lebensbedrohliche Erkrankungen kaum aufrechtzuerhalten sein.[8] Ebenso dynamisch sind auch die Elemente eines Existenzminimums. Die Sicherstellung der Funktionsfähigkeit der GKV beruht auf denselben verfassungsrechtlichen Vorgaben wie eine Untergrenze des Versorgungsniveaus. Ist die Stabilität des gesamten Systems in Gefahr, dann ist ein Einschreiten des Gesetzgebers nicht nur erlaubt, sondern geboten,[9] gegebenenfalls auch und gerade in Form von Leistungskürzungen. Das Verfassungsrecht trifft dabei bestimmte Vorgaben für die Ausgestaltung eines Systems, indem die verschiedenen in Betracht kommenden Priorisierungskriterien in ihrer Auswahl, Ausgestaltung und Anwendung am Maßstab der Grundrechte geprüft werden.[10]

---

[7] BVerfG NJW 2010, 505; vgl. auch schon BVerfGE 120, 125, 155 f. (Steuerfreiheit des Existenzminimums).

[8] Zur Diskussion um die Folgen des Nikolaus-Beschlusses vgl. nur *Francke/Hart*, MedR 2006, 131; *Huster*, JZ 2006, 466; *Wasem*, G+G Beil. 2006 Wiss., Nr. 4, 15; *Hauck*, NJW 2007, 1320.

[9] Vgl. nur BVerfG NJW 2001, 1779, 1780; *Sodan*, NZS 2003, 393, 396 m.w.N.

[10] Vgl. *Wenner*, GesR 2009, 169; *Welti*, ZEFQ 103 (2009), 104.

Der rechtliche Rahmen für eine Priorisierung von Gesundheitsleistungen 113

2.1 Dringlichkeit

Als Ausdruck individueller Bedürftigkeit ist zunächst das Kriterium der Dringlichkeit der medizinischen Behandlung nicht nur verfassungsrechtlich unbedenklich, sondern wird geradezu gefordert. Nach dem in Art. 1 Abs. 3 GG verankerten allgemeinen Gleichheitssatz ist der Zugang zu medizinischen Leistungen entsprechend der individuellen Schutzbedürftigkeit für jeden in gleichem Maße zu gewährleisten, für jeden Einzelnen muss im Bedarfsfall die gleiche Chance auf Teilhabe am System bestehen.[11] Insoweit sind Eintrittswahrscheinlichkeit und Intensität drohender Gesundheits- und Folgeschäden im Falle des Ausbleibens medizinischer Versorgung von Bedeutung.

2.2 Erfolgsaussicht

Ein vorrangiger Einsatz knapper Ressourcen ist darüber hinaus auch zugunsten derjenigen Patienten denkbar, denen diese am nachhaltigsten und sichersten zugute kommen, also eine Priorisierung entsprechend der Erfolgsaussicht. Das geltende Recht berücksichtigt Erfolgsaussicht wie Dringlichkeit bereits im Rahmen der Organallokation. § 12 Abs. 3 S. 1 TPG bestimmt: „Die vermittlungspflichtigen Organe sind von der Vermittlungsstelle nach Regeln, die dem Stand der Erkenntnisse der medizinischen Wissenschaft entsprechen, insbesondere nach Erfolgsaussicht und Dringlichkeit für geeignete Patienten zu vermitteln." Probleme bereitet dabei allerdings die immanente Gegenläufigkeit der Kriterien:[12] Bei der Organtransplantation nehmen – wie bei vielen anderen Erkrankungen auch – mit steigender Dringlichkeit die Erfolgsaussichten der Behandlung ab. Die Praxis versucht dies dadurch zu lösen, dass zunächst Patientengruppen nach der Erfolgsaussicht gebildet werden und das Organ innerhalb dieser Gruppen gemäß einer aus Wartezeit und Dringlichkeitsfaktoren errechneten Punktzahl zugeteilt wird.[13] Dieses System vermag jedoch

---

[11] Vgl. *Uhlenbruck*, MedR 1995, 427, 434; *Taupitz*, in: *Nagel/Fuchs* (Hrsg.), Rationalisierung und Rationierung im deutschen Gesundheitswesen, 1999, S. 86, 99; *Schreiber*, in: *Nagel/Fuchs* (Hrsg.), Soziale Gerechtigkeit im Gesundheitswesen, 1993, S. 302.

[12] *Lipp*, in: *Laufs/Katzenmeier/Lipp*, Arztrecht, 6. Aufl. 2009, Kap. VI Rn 47 - 53.

[13] Im Bereich der Nierentransplantation wird inzwischen der „Wujciak-Opelz-Allokationsalgorithmus" angewendet, bei dem Dringlichkeit und Erfolgsaussicht anhand

nichts an der Tatsache zu ändern, dass der ideale Zeitpunkt für eine erfolgreiche Transplantation weit vor dem derzeitigen durchschnittlichen Zeitpunkt liegt.[14] Außerdem können in einem weiteren Priorisierungskontext die beiden Kriterien „Dringlichkeit" und „Erfolgsaussicht" zu einer systematischen Benachteiligung alter, behinderter und chronisch kranker Menschen führen.[15]

2.3 Alter

Verfassungsrechtlich keineswegs a priori ausgeschlossen, gleichwohl kontrovers diskutiert, ist das Priorisierungskriterium des chronologischen Lebensalters. Es verstößt an sich nicht gegen Art. 3 GG, ist es doch zustandsbezogen und knüpft gerade nicht an eine personengebundene Eigenschaft:[16] Ein bestimmtes Lebensalter ist allen Menschen im Laufe ihres Lebens, wenn auch zu verschiedenen Zeitpunkten, gleich. Zudem kann die Gefahr, ein bestimmtes Alter nicht zu erreichen, weil „auf dem Weg dorthin" die medizinische Versorgung knappheitsbedingt fehlt, einschneidender sein, als zu einem vorher festgelegten Zeitpunkt des Lebens auf weitere medizinische Versorgung zu verzichten. Die im aktuellen gesellschaftspolitischen Diskurs dennoch erhobenen gewichtigen Bedenken gegen eine Alterspriorisierung fußen weniger auf rechtlichen als auf ethischen und gesellschaftlichen Aspekten, die hierzulande insb. unter dem Stichwort „Altersdiskriminierung" zu einer äußerst kritischen Beurteilung führen.[17]

---

verschiedener Kriterien bestimmt werden, die jeweils eine bestimmte Anzahl Punkte generieren. Zur Verfügung stehende Organe werden dann an den Patienten mit dem höchsten Punktwert zugeteilt, vgl. hierzu *Ahlert/Kliemt*, DÄBl. 106 (2009), A 1724.

[14] Vgl. die Richtlinien der BÄK zur Organtransplantation gem. § 16 TPG, DÄBl. 103 (2006), A 3282.

[15] *Dannecker/Huster/Katzenmeier/Bohmeier/Schmitz-Luhn/Streng*, DÄBl. 106 (2009), A 2007; *Gutmann*, in: *Gutmann/Schmidt* (Hrsg.), Rationierung und Allokation im Gesundheitswesen, 2002, S. 179, 193.

[16] *Huster*, MedR 2010, 369; *ders.*, Sozialstaat oder soziale Gerechtigkeit, 2005, S. 202, 208, 210 ff.; *ders.*, in: *Buyx/Ach/Schöne-Seifert* (Hrsg.), Gerecht behandelt?, 2006, S. 121; *Breyer*, ebd., S. 149, 158.

[17] *Neumann*, NZS 2005, 613, 623; *Gethmann*, Gesundheit nach Maß?, 2005, S. 157 f.; *Gutmann*, in: *Gutmann/Schmidt* (Hrsg.), Rationierung und Allokation im Gesundheitswesen, 2002, S. 179, 203; *Uhlenbruck*, MedR 1995, 427, 433. Auch die Stellungnahme der ZEKO aus

2.4 Eigenverantwortung

Auf den ersten Blick scheint auch der Vorschlag einleuchtend, solche Patienten nachrangig zu versorgen, die ihre Gesundheitschancen durch ihre autonome Entscheidung verschlechtert haben und erst aus diesem Grund behandlungsbedürftig wurden. Solche freiwillig eingegangenen Gesundheitsrisiken sollen nach zunehmender Auffassung von der solidarischen Absicherung von „risks and chances" ausgeschlossen werden.[18] Abgesehen davon aber, dass das Recht keine Pflicht zur Gesunderhaltung kennt, bestehen Einwände vornehmlich praktischer Natur: Die erforderliche Zurechnung des Verursachungsbeitrags zu Lasten des Patienten dürfte angesichts der komplexen und bis heute nicht abschließend erforschten Entstehungsmechanismen der meisten Erkrankungen allenfalls auf statistischer Ebene feststellbar sein.[19]

2.5 Kosten-Nutzen-Analyse

Vielschichtiger und noch schwieriger zu beurteilen sind wirtschaftlichkeitsbezogene Kriterien wie die Heranziehung der medizinischen Wirksamkeit einer Maßnahme im Vergleich zu den hierfür aufzuwendenden Kosten.[20] Für einen solchen Vergleich können etwa medizinische Maßnahmen, die bestimmte Krankheitsgruppen betreffen, in ihrem Nutzen gegenübergestellt werden. Dabei kann zwischen Behandlungsmethoden mit demselben Behandlungsziel differenziert werden, aber auch zwischen Maßnahmen unterschiedlicher Wirkungsrichtung (insb. zwischen kurativen und präventiven Maßnahmen).

2007 (Fn. 1) geht von einer Unzulässigkeit aus, hierzu *Fuchs/Nagel/Raspe*, DÄBl. 106 (2009), A 554, A 556.

[18] Vgl. etwa Beschluss vom 111. Dt. Ärztetag („Ulmer Papier"), A 6: Eigenverantwortung der Patienten stärken, DÄBl. 105 (2008), A 1189, A 1196; *Gutmann*, in: *Gutmann/Schmidt* (Hrsg.), Rationierung und Allokation im Gesundheitswesen, 2002, S. 179, 193; *Uhlenbruck*, MedR 1995, 427, 432.

[19] Näher *Alber/Kliemt/Nagel*, DÄBl. 106 (2009), A 1361.

[20] Zu den rechtlichen Aspekten der vom Institut für Qualität und Wirtschaftlichkeit im Gesundheitswesen (IQWiG) nach § 35b SGB V durchgeführten Kosten-Nutzen-Analyse s. *Huster*, MedR 2010, 234; umfassende ethische Erwägungen zur Kosten-Nutzen-Analyse jüngst: *Deutscher Ethikrat*, Nutzen und Kosten im Gesundheitswesen, Stellungnahme, 2011.

Aus anderen Gesundheitssystemen ist sogar eine Festlegung finanzieller Grenzwerte („thresholds") für einen bestimmten medizinischen Nutzen bekannt. Meist wird hierbei zur Messung des Nutzens nicht nur an die verbleibende Lebenserwartung angeknüpft, sondern im Rahmen von „Quality Adjusted Life Years" (QALYs) auch die Lebensqualität einbezogen.[21] Als problematisch hat sich dabei bereits die Messung des QALY-Nutzens herausgestellt, da bei einer abstrakt-generellen Bewertung Kriterien herangezogen werden, die der individuelle Patient stark abweichend gewichten mag.[22] Wird die Beurteilung hingegen anhand eines konkreten Patienten vorgenommen, birgt sie die Gefahr, dass auch natürliche oder später hinzugetretene biologische Nachteile ins Gewicht fallen, die gerade nicht in unmittelbarem Zusammenhang mit der akuten Behandlungsbedürftigkeit des Patienten stehen.[23]

In Deutschland wird eine rein utilitaristische Betrachtung und auch die starre Normierung eines „Höchstwerts" für einen Nutzen überwiegend verworfen, als eine mit dem Grundgesetz nicht vereinbare ökonomische Bewertung menschlichen Lebens.[24] Andererseits ist eine Anspruchsbegrenzung im Leistungssystem anhand von Kosten-Nutzen-Analysen auch hierzulande verfassungsrechtlich nicht von vorn herein undenkbar. Soweit man aus Grundrechten ein Recht auf Teilhabe ableitet, stehen solche Teilhaberechte der Versicherten an der medizinischen Versorgung im System der GKV stets unter dem Vorbehalt des Möglichen. Sie sind begrenzt auf das, was der einzelne vernünf-

---

[21] Im Vereinigten Königreich legt der National Health Service (NHS) bei der Prüfung von Verfahren Kosten-Effektivitätsgrenzen zwischen 20.000 und 30.000 GBP pro gewonnenem QALY zugrunde. Überblick bei *McCabe/Claxton/Culyer*, PharmacoEconomics 26 (2008), 733-744; krit. zum Verfahren schon *Ament*, Abstr Int Soc Technol Assess Health Care Meet. 9 (1993), 57; *Bala/Zarkin*, Health Economics 9 (2000), 177-180. Zu QALYs im Rahmen von Kosten-Nutzen-Analysen s. *Deutscher Ethikrat*, Nutzen und Kosten im Gesundheitswesen, Stellungnahme, 2011, S. 38 ff, 58 f., zur gesundheitsbezogenen Lebensqualität s. *Bayerl/Friedrich/Wohlgemuth*, DÄBl. 106 (2009), A 820.

[22] *Wilson/Rees/Fordham*, Cost Effectiveness and Resource Allocation 4 (2006), 3; vgl. auch *Deutscher Ethikrat*, Nutzen und Kosten im Gesundheitswesen, Stellungnahme, 2011, S. 39 f.

[23] Vgl. *Dannecker/Huster/Katzenmeier/Bohmeier/Schmitz-Luhn/Streng*, DÄBl. 106 (2009), A 2007, A 2009; *Deutscher Ethikrat*, Nutzen und Kosten im Gesundheitswesen, Stellungnahme, 2011, S. 40, 42 f.; krit. zu „Gewichtungsfaktoren" als Kompensation für diese Chancenungleichheit *W. Lübbe*, EthikMed 2010, 582, 583 f.; *Welti*, MedR 2010, 379, 383 f.

[24] *Hart*, MedR 1996, 60, 70; *Gutmann*, in: *Gutmann/Schmidt* (Hrsg.), Rationierung und Allokation im Gesundheitswesen, 2002, S. 197, 180 f.; *Vosteen*, Rationierung im Gesundheitswesen und Patientenschutz, Diss. Bremen 2001, S. 361; *Welti*, MedR 2010, 379.

tigerweise von der Gesellschaft erwarten kann.[25] Eine Priorisierung aufgrund ökonomischer Aspekte stößt lediglich bei dringlich zu behandelnden und lebensbedrohlichen Erkrankungen an die durch den „Nikolaus-Beschluss" gezogenen Grenzen.[26] Im Übrigen aber umfasst der Gestaltungsspielraum des Gesetzgebers auch die Befugnis, die Grenzen zu markieren, die der Leistungspflicht der GKV durch die Belastbarkeit der Beitragszahler und der Leistungsfähigkeit der Volkswirtschaft gezogen sind.[27]

2.6 Fazit

Das Grundgesetz enthält keine konkreten Anweisungen für eine Allokation medizinischer Leistungen, es bietet vielmehr einen Rahmen für die gesetzgeberische Ausgestaltung. Betrachtet man die verschiedenen denkbaren Priorisierungskriterien näher, zeigt sich, dass viele von ihnen letztlich in einem weiten Anwendungsbereich in Betracht kommen. Gleichwohl markiert das Recht auch hinsichtlich dieser Kriterien „Grenzbereiche", in denen – bei Vorliegen bestimmter Umstände und Situationen – ihre Anwendung bedenklich ist. Daher wird im Einzelnen zu prüfen sein, auf welche Art und Weise die konkrete Ausgestaltung eines Priorisierungsystems nach einzelnen Kriterien zulässig ist. Die Verfassung steht einem solchen Modell nicht grundsätzlich entgegen, sie gebietet sogar Bemühungen, das System funktionsfähig und effektiv zu gestalten. Welches Verteilungsschema und welche Kriterien letztlich gewählt werden, hängt nicht nur von Gerechtigkeitserwägungen sondern auch von Wertpräferenzen ab, von den Vorstellungen von einem guten und gelungenen Leben.[28]

---

25 BVerfG NJW 1972, 1561, 1564 f.; *Isensee*, in: GS für *Heinze*, 2005, S. 417, 420.
26 Vgl. unter 2.
27 BVerfG MedR 1997, 318; *Noftz*, in: Hauck/Noftz, SGB V, Stand 2011, K § 2 Rn 34.
28 *Marckmann*, in: Wiesing (Hrsg.), Ethik in der Medizin, 3. Aufl. 2008, S. 261, 270; *Emanuel*, in: Marckmann/Liening/Wiesing (Hrsg.), Gerechte Gesundheitsversorgung, 2003, S. 128.

3. Auswirkungen auf das einfache Recht

Bei einer verdeckten Rationierung drohen dem Arzt haftungsrechtliche Risiken. Soweit überhaupt thematisiert, wird dies unter Juristen kontrovers beurteilt, ebenso sind die positiven und negativen Auswirkungen einer Priorisierung nicht abschließend geklärt.

3.1 Haftungs- und Sozialrecht

Ein wesentlicher Grundsatz zur Bestimmung des Leistungsumfangs der GKV findet sich im Wirtschaftlichkeitsgebot des § 12 Abs. 1 SGB V: „Die Leistungen müssen ausreichend, zweckmäßig und wirtschaftlich sein; sie dürfen das Maß des Notwendigen nicht überschreiten. Leistungen, die nicht notwendig oder unwirtschaftlich sind, können Versicherte nicht beanspruchen, dürfen die Leistungserbringer nicht bewirken und die Krankenkassen nicht bewilligen." Dem gegenüber wird zivilrechtlich gem. § 276 Abs. 2 BGB vom Arzt verlangt, dass er bei der Erbringung ärztlicher Leistungen „die im Verkehr erforderliche Sorgfalt" beachtet. Der Arzt muss demnach diejenigen Maßnahmen ergreifen, die von einem gewissenhaften und aufmerksamen Arzt aus berufsfachlicher Sicht vorausgesetzt und erwartet werden.[29] Dabei knüpft das Haftungsrecht an Qualitätsmaßstäbe bei Diagnose und Therapie an, und somit auch an das am Behandlungsauftrag zu messende Urteil der Medizin über das, was Standard ist.[30] Die gebotene Sorgfalt i.S.d. § 276 Abs. 2 BGB richtet sich somit am medizinischen Standard aus. Standards in der Medizin aber entwickeln sich dynamisch, sie erweitern sich fortwährend um neue und bessere, zumeist auch teurere Untersuchungs- und Behandlungsmethoden. Enthält der Arzt dem Patienten nun auch nur teilweise die standardgemäße Behandlung vor, so liegt darin eine Verletzung der erforderlichen Sorgfalt, ein Behandlungsfehler, durch

---

[29] BGHZ 144, 296, 305; BGH VersR 1999, 716; *Katzenmeier*, in: *Laufs/Katzenmeier/Lipp*, Arztrecht, 6. Aufl. 2009, Kap. X Rn 7.

[30] *Katzenmeier*, Arzthaftung, 2002, S. 277 ff.; *ders.*, in: *Laufs/Katzenmeier/Lipp*, Arztrecht, 6. Aufl. 2009, Kap. X Rn 13 ff.; *Steffen/Pauge*, Arzthaftungsrecht, 11. Aufl. 2010, Rn 157.

den vertragliche und deliktische Schadensersatzansprüche ausgelöst werden können.

Zwischen dem Haftpflicht- und dem Sozialversicherungsrecht besteht somit ein Spannungsverhältnis, angelegt in den Begriffen der im Verkehr „erforderlichen" Sorgfalt in § 276 Abs. 2 BGB, die eine Grenze markiert, welche nicht unterschritten werden darf, und der „ausreichenden" Leistungen in § 12 Abs. 1 SGB V, die eine Obergrenze bilden.[31] Unverkennbar wird es – in einem Gesundheitssystem, in dem eine Begrenzung der finanziellen Ressourcen einhergeht mit zunehmend strengeren Leistungsanforderungen, erhöhten Haftungsrisiken und gesteigerten Erwartungen der Patienten an die Medizin – für den Arzt immer schwieriger, den individuellen und gesellschaftlichen Heilauftrag sachgerecht zu erfüllen. Das Wirtschaftlichkeitsgebot kann ihn vor die Frage stellen, ob er die vertraglich wie haftpflichtrechtlich begründete höchstmögliche Sorgfalt und beste Vorkehrungen mit ihrem erhöhten Aufwand anwenden darf und soll.

Klaffen Leistungskatalog und ärztliche Haftpflicht weiter auseinander, könnte dieser Konflikt alsbald offen zu Tage treten, wie folgendes Beispiel zeigt: Eine neue Behandlungsmethode, für die auch keine Alternative zur Verfügung steht, hat sich in der Praxis bewährt und in der Ärzteschaft allgemein Anerkennung gefunden. Damit zählt sie zum medizinischen Standard, der Arzt muss sie anwenden, um sich keinem Behandlungsfehlervorwurf auszusetzen. Der Gemeinsame Bundesausschuss (G-BA) bescheidet die neue Methode nach Prüfung jedoch negativ. Folge ist, dass der Arzt die Leistung nicht zu Lasten der GKV abrechnen kann.[32] In derartigen Konstellationen tritt ein Widerstreit arzthaftungs- und sozialrechtlicher Vorgaben offen zu Tage. Wenn die Finanzierung der jeweiligen medizinischen Standards durch die Krankenkassen nicht mehr gesichert ist, dann wird sich die weitere Frage stellen, ob die Rechtsordnung den Arzt zumindest haftpflichtrechtlich für verpflichtet halten kann, Maßnahmen zu treffen, die er möglicherweise nicht liquidieren kann.

---

31 *Steffen*, in: FS für *Geiß*, 2000, S. 487, 493; *Katzenmeier*, in: FS für *G. Müller*, 2009, S. 237; *Arnade*, Kostendruck und Standard, 2010, S. 193 ff.
32 Zur Rolle des G-BA vgl. nur *Katzenmeier*, in: FS für *G. Müller*, 2009, S. 237, 244 ff. m.N.

3.2 Reaktionen der Rechtsprechung und Rechtswissenschaft

Nicht zuletzt aufgrund der Trennung von Sozial- und Zivilgerichtsbarkeit war die Rechtsprechung bislang – obwohl inzwischen beinahe täglich damit befasst – mangels eines konkret streitigen Falles nicht gezwungen, diesen Konflikt zu lösen. Sie hat auch mögliche Auswirkungen fehlender Abrechenbarkeit einer nach dem medizinischen Standard gebotenen Leistung auf die ärztliche Leistungspflicht bislang nicht angedeutet. Im Gegenteil: die Zivilgerichte messen ökonomischen Gesichtspunkten bis heute kaum Bedeutung zu, sie differenzieren hinsichtlich der Behandlungspflichten nicht danach, ob die Maßnahmen hohe oder niedrige Kosten verursachen, sondern nur danach, ob diese medizinisch indiziert sind oder nicht.[33]

Keine Rolle spielen die Behandlungskosten auch in der jüngeren Rechtsprechung des BVerfG. In seinem „Nikolaus-Beschluss" lockerte das BVerfG ungeachtet wirtschaftlicher Erwägungen die Anforderungen an den Wirksamkeitsnachweis alternativer Behandlungsmethoden für das Bestehen einer Leistungspflicht – auch jenseits einer Anerkennung durch den G-BA. Streitgegenstand war jedoch nicht die Behandlungspflicht des Arztes, sondern die Erbringbarkeit der Leistung zu Lasten der GKV. Offen ist, ob die Zivilgerichte die Behandlung mit der Außenseitermethode in der entsprechenden Situation auch haftungsrechtlich vom Arzt einfordern werden. Dies erscheint eher unwahrscheinlich, würde damit der zivilrechtliche Standard vom medizinischen

---

[33] BGH NJW 1954, 290 judizierte, auf die Kosten von sichernden Maßnahmen für einen an Verwirrungszuständen leidenden Kranken komme es jedenfalls dann nicht an, wenn dieser Aufwand nicht außer allem Verhältnis zu der befürchteten Gefahr stehe und diese nicht nur ganz entfernt drohe. In BGH VersR 1975, 43 f. („Halsrippenurteil") hat das Gericht zwar den Kostenaspekt unmittelbar nach der statistischen Häufigkeit und dem Gewicht der Gefahr genannt und ihn damit aufgewertet. OLG Düsseldorf MedR 1984, 69 äußerte sich jedoch wieder im Sinne der erstgenannten Entscheidung, und auch BGH NJW 1983, 2081 betonte, dass es für die zivilrechtliche Haftung allein auf die Feststellung ankomme, was ein (Arzt oder) Krankenhausträger dem Patienten schulde und ob er die danach erforderlichen Leistungen bereitgestellt habe; ähnlich OLG Hamm NJW 1993, 2387; anders aber OLG Köln VersR 1993, 52, 53 (rechtskräftig durch Nichtannahmebeschluss des BGH); s. auch OLG Köln VersR 1999, 847.

Standard nicht nur abgekoppelt, sondern ginge an dieser Stelle entgegen allen Eingrenzungsbemühungen über diesen noch hinaus.[34]

Im rechtswissenschaftlichen Schrifttum lassen sich indes bereits verschiedene Strömungen ausmachen. Zunächst wird die Auffassung vertreten, die haftungsrechtlichen Maßstäbe des Rechtsgüterschutzes, welche die höchstrichterliche Rechtsprechung im Interesse der Patienten aufgestellt und konkretisiert habe, dürften nicht aus Gründen der Wirtschaftlichkeit herabgesetzt werden. Wenn im Klinikalltag – jedenfalls in Teilbereichen – sogar allgemein anerkannte medizinische Standards nicht mehr eingehalten und wegen des Arzneimittel- und Heilmittelbudgets gelegentlich notwendige Arzneimittel aus Angst vor einem Regress nicht mehr verordnet würden, dann sei die Ärzteschaft selbst berufen, sich zu fragen, ob ihre Inpflichtnahme im Sinne der Art. 12 GG (Berufsfreiheit) und Art. 14 GG (Eigentumsgarantie) rechtlich zulässig ist, und ob sie gegebenenfalls dagegen vorgehen müsse.[35]

Demgegenüber setzt sich jedoch zunehmend die Erkenntnis durch, dass der rechtliche Sorgfaltsmaßstab die allgemeinen Grenzen im System der Krankenversorgung nicht völlig vernachlässigen kann, selbst wenn es Grenzen der Finanzierbarkeit und Wirtschaftlichkeit sind.[36] Der Sorgfaltsmaßstab des Zivilrechts ist nicht mehr und nicht weniger als das, was von einem gewissenhaften Arzt in der jeweiligen Situation erwartet werden darf. Auch der Umfang der Leistungspflicht ist also nicht zuletzt abhängig von den gesellschaftlichen Vorstellungen und Erwartungen an den Arzt als Sorgfaltspflichtigen. Zuzustimmen ist dem ehemaligen Vorsitzenden des für das Arzthaftungsrecht zuständigen VI. Zivilsenats am BGH Erich Steffen: „Ärztlicher Auftrag und zivilrechtlicher Haftungsmaßstab werden bestimmt und begrenzt nicht nur durch die Befindlichkeit des Patienten, sondern auch durch die Befindlichkeit der Gesellschaft, in die Arzt und Patient eingebunden sind. Beide hängen auch ab von

---

[34] *Katzenmeier/Schmitz-Luhn*, in: Wohlgemuth/Freitag (Hrsg.), Priorisierung in der Medizin - Interdisziplinäre Forschungsansätze, 2009, S. 167 ff.
[35] *Kullmann*, VersR 1997, 529, 532; *Heinze*, MedR 1996, 252, 255.
[36] *Laufs*, ZaeF 89 (1995), 554 ff.; *Uhlenbruck*, MedR 1995, 427, 435; *Hart*, MedR 1996, 60, 71; *Damm*, JZ 1998, 926, 930; *Stöhr*, MedR 2010, 214, 216.

den verfügbaren Ressourcen und davon, wie viel und mit welchen Präferenzen die Gesellschaft für ihre medizinische Versorgung auszugeben bereit ist."[37] Weitere Stimmen wollen die Einheit der Rechtsordnung durch einen Gleichlauf der Standards sicherstellen. Dies soll dadurch erreicht werden, dass sich Reduzierungen des sozialrechtlichen Leistungsniveaus auch im zivilrechtlichen Sorgfaltsmaßstab niederschlagen.[38] Kompensation biete die Aufklärung seitens des Arztes.[39] Entscheidet man sich für eine Lösung des Konfliktes zwischen medizinischem Standard und knappen Ressourcen im Wege der Einbeziehung des Mangels in die Bestimmung dessen, was zivilrechtlich vom Arzt verlangt werden kann, nährt dies die Befürchtung eines überwiegend fremdbestimmten, „medizinisch-wirtschaftlichen Standards". Das Entstehen, aber auch das Erkennen medizinischer Standards verlöre dann durch eine „schleichende ökonomische Infiltration" erheblich an Transparenz.[40]

3.3 Neue Lösungswege

Die Spannungen zwischen dem Haftungs- und dem Sozialrecht dürften sich zukünftig weiter verschärfen. Ist einerseits der medizinische Fortschritt nicht mehr bezahlbar und wird der Leistungsumfang der GKV weiter begrenzt, orientiert sich andererseits das Haftpflichtrecht weiterhin an dem medizinisch Machbaren und fordert es damit tendenziell das Optimale, dann droht die Gefahr eines Auseinanderdriftens beider Teilrechtsgebiete.

Lösungsansätze sind bislang kaum diskutiert. Ob erweiternde Anerkennung ärztlicher Entscheidungsfreiräume, Relativierung medizinischer Behandlungs-

---

[37] Steffen, MedR 1995, 190; ders., in: FS für Geiß, 2000, S. 487, 493.
[38] Rumler-Detzel, VersR 1998, 546, 549; Taupitz, in: Wolter/Riedel/Taupitz (Hrsg.), Einwirkungen der Grundrechte auf das Zivilrecht, Öffentliche Recht und Strafrecht, 1999, S. 113, 131 f.; Laum, DÄBl. 98 (2001), A 3176, A 3179; Arnade, Kostendruck und Standard, 2010, S. 218 ff.
[39] Damm, JZ 1998, 926, 930; Francke/Hart, Charta der Patientenrechte, 1999, S. 186 ff.; krit. ggü. einer weiteren Verschärfung ärztlicher Aufklärungspflichten im Zeichen der Sparzwänge Voß, Kostendruck und Ressourcenknappheit im Arzthaftungsrecht, 1999, S. 218; Bruns, ArztR 2000, 184 f.
[40] Hart, MedR 1996, 60, 70; Katzenmeier, in: Laufs/Katzenmeier/Lipp, Arztrecht, 6. Aufl. 2009, Kap. X Rn 236 ff.; zum Ausweg über „kostensensible Leitlinien" s. näher m. krit. Auseinandersetzung Hauck, SGb 2010, 193.

standards oder Modifikation des Haftungsmaßstabs, wichtig ist eine Umorientierung der Rechtsprechung, die gegenwärtig Ärzte zu einem übermäßigen Einsatz der zur Verfügung stehenden diagnostischen Verfahren veranlasst und damit ihrerseits zur Ressourcenverknappung beiträgt.[41] Der rechtliche Sorgfaltsmaßstab darf und kann die allgemeinen Grenzen im System der Krankenversorgung, selbst wenn es Grenzen der Finanzierbarkeit und Wirtschaftlichkeit sind, nicht völlig vernachlässigen. Eine Einschränkung der Haftungsbestimmungen sowie die Berücksichtigung von Kosten-Nutzen-Analysen auch vor Gericht sind wichtige Voraussetzungen dafür, dass die Ärzte künftig sparsamer mit den finanziellen Mitteln umgehen und der Kostenanstieg im Gesundheitswesen gebremst werden kann.[42] Das Arzthaftungsrecht kann auf den wachsenden Kostendruck durch eine Relativierung der Standards und Modifikation bestehender hoher oder höchster Sorgfaltsanforderungen reagieren, aber es hat immer auch eine Schutzfunktion gegenüber allzu rigiden Einschnitten in der Ausstattung der Gesundheitseinrichtungen wahrzunehmen.[43]

---

[41] Zur Gefahr einer Defensivmedizin vgl. *Hammerstein*, in: *Hammerstein/Schlungbaum* (Hrsg.), Defensives Denken in der Medizin, 1991, Vorwort, S. 7; *Ulsenheimer*, Ausgreifende Arzthaftpflichtjudikatur und Defensivmedizin, 1997, S. 9; *Katzenmeier*, Arzthaftung, 2002, S. 38 f. m.w.N.

[42] Eine Anpassung des Haftungsrechts wird auch seitens der Ärzteschaft gefordert, vgl. *Deutscher Ärztetag* (Hrsg.), Gesundheitspolitische Leitsätze der Ärzteschaft – Ulmer Papier, Beschluss des 111. Deutschen Ärztetages, in: DÄBl. 105 (2008), A 1189, A 1195.

[43] *Staak/Uhlenbruck*, in: FS für *Schewe*, 1991, S. 142, 154, zur Aufgabe der Rechtsprechung, die Schutzfunktion sicherzustellen und zu aktualisieren; *G. Müller*, in: FS für *Hirsch*, 2008, S. 413, 422.

4. Ausblick

Eine offene Priorisierung bietet einen Handlungsrahmen für die Verteilung der zur Verfügung stehenden knappen Ressourcen auf diejenigen Belange, die sich im gesellschaftlichen, ethischen und politischen Diskurs als besonders wichtig herausstellen und kann so zu einer Harmonisierung von Sozial- und Haftungsrecht beitragen.

Keineswegs aber vollzieht eine Priorisierung aus sich heraus eine abschließende Harmonisierung oder löst gar sämtliche offenen Fragen. Beispielsweise bleibt die Frage nach der erforderlichen Information des Patienten. Eine Kompensation des verminderten Leistungsumfangs erscheint zumindest im Wege einer Aufklärung geboten, um dem Patienten eine selbstbestimmte und fachlich informierte Möglichkeit zur Entscheidung eines privaten Zukaufs zu eröffnen. Gleichzeitig bedarf es haftungsrechtlicher Entlastungsmodelle für den Fall, dass der Patient eine nicht zu erbringende Leistung nicht hinzukaufen kann oder will.

Die klassische Rollenverteilung im Arzt-Patient-Verhältnis würde hierdurch weiter verschoben.[44] Der Arzt ist nicht mehr länger ganz Berater in Gesundheitsfragen und vertrauensvoller Partner seines Patienten in der Behandlung, sondern gleichzeitig „Verkäufer" einer posteriorisierten und damit privat zu finanzierenden medizinischen Zusatzleistung. Es konkurrieren die Selbstbestimmung und die gesundheitliche Versorgung des Patienten mit der Entscheidungslast des Arztes in seiner Rolle als vertrauensvoller Berater und zugleich Leistungserbringer. Auch hier gilt es, ausgleichende und praktikable Lösungskonzepte zur praktischen Gestaltung zu konkretisieren.

Eine Priorisierung entlastet den einzelnen Arzt von der eigentlichen Allokationsentscheidung „am Krankenbett", die nun als Entscheidung auf höherer Ebene getroffen wird und auf objektivierten Kriterien beruht. Gerade hierdurch wird allerdings das Haftungsrisiko des Arztes nicht nur gemildert, sondern ebenso um eine zusätzliche Ebene erweitert und insoweit verschärft. Die

---

[44] Dazu die Beiträge von *Hoppe, Maio, Nagel, Bergdolt, Schirmer/Fuchs, Woopen* in: in *Katzenmeier/Bergdolt* (Hrsg.), Das Bild des Arztes im 21. Jahrhundert, 2009.

Der rechtliche Rahmen für eine Priorisierung von Gesundheitsleistungen 125

Feststellung derjenigen Kriterien nämlich, die die Grundlage für die Anwendung der objektivierten „Vorabentscheidung" sind, etwa die Prognose der Erkrankung und die Behandlungsdringlichkeit, bleibt – zumindest soweit es sich um medizinisch bestimmbare Faktoren handelt –, Aufgabe des Arztes. Das ärztliche Haftungsrisiko kann dann zusätzlich zu den bisherigen Irrtums- und Versäumnisgefahren bei Diagnose und Therapie auch Gefahren bei der richtigen und erschöpfenden Erfassung der beim Patienten vorliegenden Priorisierungskriterien zur Klärung der Behandlungsfähigkeit umfassen.

Auch bei einer Objektivierung und Explifikation des Allokationsprozesses bleiben viele Fragen offen, deren Klärung über den Erfolg eines solchen Systems entscheidet. Wird jedoch die Entscheidung über finanzielle Steuerungsmechanismen dem Arzt im Einzelfall überlassen, muss er als „Funktionär austeilender Gerechtigkeit" die knappen finanziellen Mittel „heimlich" an seine Patienten verteilen und ist den genannten Haftungsrisiken ausgesetzt.[45] Daher ist bei der Ermittlung der vorrangig zu bedienenden medizinischen Belange dem Entscheidungsweg über eine offen geführte Diskussion der Vorzug zu geben. Die Last, „am Patientenbett" zwischen oft diffusem Wirtschaftlichkeitsgebot und konkreter Verpflichtung auf den medizinischen Standard entscheiden zu müssen, kann durch ein System der Priorisierung zumindest entschärft werden.

---

[45] *Laufs*, in: *Nagel/Fuchs* (Hrsg.), Soziale Gerechtigkeit im Gesundheitswesen, 1993, S. 290; zur jüngsten Entwicklung *ders.*, in: *Katzenmeier/Bergdolt* (Hrsg.), Das Bild des Arztes im 21. Jahrhundert, 2009, S. 9, 12 ff.

5. Fazit

Die Sicherstellung der medizinischen Versorgung kann nicht mehr allein Aufgabe der Leistungserbringer sein, sondern wird immer mehr zur Herausforderung für die Entscheidungsträger im Gesundheitswesen und in der Gesundheitspolitik.[46] Wenn Rationierungen unvermeidlich sind, dann müssen die notwendigen Entscheidungen im gesellschaftlichen und politischen Diskurs unter Beteiligung aller betroffenen Interessen herbeigeführt und demokratisch legitimiert werden. Eine Priorisierung kann einen Beitrag leisten zu einer gerechten Verteilung der knappen Ressourcen im Gesundheitswesen. Dazu aber muss offen, rational und transparent diskutiert werden, welche Leistungen besonders wichtig sind und damit priorisiert werden, und an welcher Stelle Posteriorisierungen als am wenigsten einschneidend empfunden werden. Darüber hinaus ist eine umfassende Untersuchung der Fernwirkungen von Priorisierung auf das einfache Recht unabkömmlich.

---

[46] *Katzenmeier*, in: *Laufs/Katzenmeier/Lipp*, Arztrecht, 6. Aufl. 2009, Kap. X Rn 20 ff.; *ders.*, Referat 112. Deutscher Ärztetag, 2009.

6. Literatur

Ahlert, M./Kliemt, H. [2009]: Priorisierung: Gerechtigkeit bei der Zuweisung von Spenderorganen, in: DÄBl., Jg. 106, Heft 36, A: 1724-1726

Alber, K./Kliemt, H./Nagel, E. [2009]: Selbstverantwortung als Kriterium kaum operationalisierbar, in: DÄBl., Jg. 106, Heft 26, A: 1361-1363

Ament, A.J. [1993]: Allocation of scarce resources: the limitations of cost per QALY, Abstract, Int. Society of Technology Assessment in Health Care, Meeting 9, S. 57 (http://gateway.nlm.nih.gov/MeetingAbstracts/ma? f=102211452.html)

Arnade, J. [2010]: Kostendruck und Standard, Berlin/Heidelberg

Bala, M./Zarkin, G. [2000]: Are QALYs an appropriate measure for valuing morbidity in acute diseases?, in: Health Economics, Jg. 9, Heft 3, S. 177-180

Bayerl, B./Friedrich, D./Wohlgemuth, W. [2009]: Priorisierung: Individuelle Rangfolgen – Kosten einsparen oder Qualität verbessern, in: DÄBl., Jg. 106, Heft 17, A: 820-823

Breyer, F. [2006]: Das Lebensalter als Abgrenzungskriterium für Grund- und Wahlleistungen in der Gesetzlichen Krankenversicherung, in: Buyx, A./Ach, J./Schöne-Seifert, B. (Hrsg.), Gerecht behandelt? Rationierung und Priorisierung im Gesundheitswesen, Paderborn, S. 149-161

Bruns, W. [2000]: Arzthaftung in Deutschland, in: Arztrecht (ArztR), Jg. 45, Heft 7, S. 184-187

Bundesärztekammer (Hrsg.) [2006]: Richtlinien zur Organtransplantation gem. § 16 TPG, in: DÄBl., Jg. 103, Heft 48, A: 3282-3290

Dannecker, G./Huster, S./Katzenmeier, C./Bohmeier, A./Schmitz-Luhn, B./Streng, A.F. [2009]: Priorisierung: Notwendiger rechtlicher Gestaltungsspielraum, in: DÄBl., Jg. 106, Heft 41, A: 2007-2011

Damm, R. [1998]: Persönlichkeitsschutz und medizintechnische Entwicklung, in: Juristenzeitung (JZ), Jg. 53, Heft 19, S. 926-938

Deutscher Ärztetag (Hrsg.) [2008]: Gesundheitspolitische Leitsätze der Ärzteschaft – Ulmer Papier, Beschluss des 111. Deutschen Ärztetages 2008, in: DÄBl., Jg. 105, Heft 22, A: 1180-1200

Deutscher Ethikrat [2011]: Nutzen und Kosten im Gesundheitswesen – Zur normativen Funktion ihrer Bewertung, Stellungnahme, Berlin

Emanuel, E. [2003]: Gerechte Gesundheitsversorgung in liberalkommunitaristischer Perspektive, in: Marckmann, G./Liening, P./Wiesing, U. (Hrsg.), Gerechte Gesundheitsversorgung, Stuttgart, S. 128-168

Francke, R./Hart, D. [1999]: Charta der Patientenrechte, Baden-Baden

Francke, R./Hart, D. [2006]: Die Leistungspflicht der Gesetzlichen Krankenversicherung für Heilversuche, in: Medizinrecht (MedR) 2006, Jg. 24, Heft 3, S. 131-138

Fuchs, C. [2010]: Demografischer Wandel und Notwendigkeit der Priorisierung im Gesundheitswesen: Positionsbestimmung der Ärzteschaft, in: Bundesgesundheitsblatt (BuGBl.), Jg. 53, Heft 9, S. 435–440

Fuchs, C./Nagel, E./Raspe, H. [2009]: Rationalisierung, Rationierung und Priorisierung – was ist gemeint?, in: DÄBl., Jg. 106, Heft 12, A: 554-557

Gethmann, C.F. [2005]: Gesundheit nach Maß?, Berlin

Gutmann, T. [2002]: Gleichheit vor der Rationierung, Rechtsphilosophische Überlegungen, in: Gutmann, T./Schmidt, V. (Hrsg.), Rationierung und Allokation im Gesundheitswesen, Weilerswist

Hammerstein, J./Schlungbaum, W. (Hrsg.) [1991]: Defensives Denken in der Medizin, Irrweg oder Notwendigkeit?, Köln

Hart, D. [1996]: Rechtliche Grenzen der "Ökonomisierung" – Arzneimittel-, sozial- und haftungsrechtliche Aspekte der Pharmaökonomie, in: Medizinrecht (MedR), Jg. 14, Heft 2, S. 60-71

Hauck, E. [2007]: Gestaltung des Leistungsrechts der gesetzlichen Krankenversicherung durch das Grundgesetz? – Auswirkungen des Beschlusses des BVerfG vom 6. 12. 2005, in: Neue Juristische Wochenschrift (NJW), Jg. 60, Heft 19, S. 1320-1325

Hauck, E. [2010]: Kostensensible Leitlinien als Rationierungsinstrumente in der GKV?, in: Die Sozialgerichtsbarkeit (SGb), Jg. 57, Heft 4, S. 193-200

Heinze, M. [1996]: Die rechtlichen Rahmenbedingungen der ärztlichen Heilbehandlung, in: Medizinrecht (MedR), Jg. 14, Heft 6, S. 252-257

Herdegen, M. [2009]: GG, Art. 1 Rn 121, in: Maunz, T./Düring, G. (Hrsg.), Grundgesetz. Kommentar, Loseblattsammlung seit 1958, München

Huster, S. [2005]: Sozialstaat oder soziale Gerechtigkeit? Zum Spannungsverhältnis von politischer Philosophie und Verfassungsrecht am Beispiel der Altersrationierung im Gesundheitssystem, in: Alexy, R. (Hrsg.), Juristische Grundlagenforschung, ARSP-Beiheft Nr. 104, S. 202-217

Huster, S. [2006]: Grundversorgung und soziale Gerechtigkeit im Gesundheitswesen, in: Schöne-Seifert, B./Buyx, A./Ach, J. (Hrsg.), Gerecht behandelt? Rationierung und Priorisierung im Gesundheitswesen, Paderborn, S. 121-145

Huster, S. [2006]: Anmerkung zu: BVerfG v. 6.12.2005 (Leistungspflicht der GKV für neue Behandlungsmethoden), in: Juristenzeitung (JZ), Jg. 61, Heft 9, S. 466-468

Huster, S. [2010]: Die Methodik der Kosten-Nutzen-Bewertung in der Gesetzlichen Krankenversicherung, Analyse der rechtlichen Vorgaben, in: Medizinrecht (MedR), Jg. 28, Heft 4, S. 234-240

Huster, S. [2010]: Altersrationierung im Gesundheitswesen: (Un-)Zulässigkeit und Ausgestaltung, in: Medizinrecht (MedR), Jg. 28, Heft 5, S. 367-372

Isensee, J. [2005]: Verwaltung des Mangels im Gesundheitswesen – verfassungsrechtliche Maßstäbe der Kontingentierung, in: Söllner, A. (Hrsg.), Gedächtnisschrift für Meinhard Heinze, München, S. 417-435

Katzenmeier, C. [2002]: Arzthaftung, Tübingen

Katzenmeier, C. [2009]: Kostendruck und Standard medizinischer Versorgung – Wirtschaftlichkeitspostulat versus Sorgfaltsgebot? Zum Spannungsverhältnis zwischen Sozialrecht und Zivilrecht, in: Nehm, K./Greiner, H.-P./Groß, N./Spickhoff, A. (Hrsg.), Festschrift für Gerda Müller, Köln u. a., S. 237-252

Katzenmeier, C. [2009]: Patientenrechte in Zeiten der Rationierung, Referat auf dem 112. Deutschen Ärztetag 2009 (http://www.bundesaerztekammer.de/downloads/DAET2009 RefKatzenmeier.pdf)

Katzenmeier, C./Bergdolt, K. (Hrsg.) [2009]: Das Bild des Arztes im 21. Jahrhundert, Berlin/Heidelberg

Katzenmeier, C./Laufs, A./Lipp, V. [2009]: Arztrecht, 6. Auflage, München

Katzenmeier C./Schmitz-Luhn, B. [2009]: Folgen des „Nikolaus-Beschlusses" für das Arzthaftungsrecht?, in: Wohlgemuth, W./Freitag, M. (DFG-Forschergruppe FOR 655, Hrsg.): Priorisierung in der Medizin – Interdisziplinäre Forschungsansätze, Berlin, S. 167-173

Kullmann, H. [1997]: Übereinstimmung und Unterschiede im medizinischen, haftungsrechtlichen und sozialversicherungsrechtlichen Begriff des medizinischen Standards, in: Versicherungsrecht (VersR), Jg. 48, Heft 13, S. 529-532

Kunig, P. [2011]: Art. 2 GG, in: v. Münch, I./Kunig, P. (Hrsg.), Grundgesetz-Kommentar, 6. Aufl., München

Laufs, A. [1993]: Standards, Kostendruck und Haftpflicht, in: Nagel, E./Fuchs, C. (Hrsg.), Soziale Gerechtigkeit im Gesundheitswesen, Berlin, S. 290-301

Laufs, A. [1995]: Die zivilrechtliche Einstandspflicht des Arztes: Inhalt und Grenzen, in: Zeitschrift für ärztliche Fortbildung (ZaeF), Jg. 89, S. 554-563

Laufs, A. [2009]: Die jüngere Entwicklung des Arztberufes im Spiegel des Rechts, in: Katzenmeier, C./Bergdolt, K. (Hrsg.), Das Bild des Arztes im 21. Jahrhundert, Berlin/Heidelberg, S. 9-20

Laum, H.-D. [2001]: Gesetzliche Krankenversicherung: Spannungen zwischen Arzthaftung und Leistungsgrenzen, in: DÄBl., Jg. 98, Heft 48, A: 3176-3181

Lübbe, W. [2010]: Sollte sich das IQWiG auf indikationsübergreifende Kosten-Nutzen-Bewertungen mittels des QALY-Konzepts einlassen?, in: Deutsche Medizinische Wochenschrift (DMW), Jg. 135, S. 582-585

Marckmann, G. [2008]: in: Wiesing, U. (Hrsg.), Ethik in der Medizin, 3. Auflage, Stuttgart

McCabe, C./Claxton, K./Culyer, A.J. [2008]: The NICE cost effectiveness threshold – what it is and what that means, in: PharmacoEconomics, Jg. 26, S. 733-744

Müller, G. [2008]: Arzthaftung in Zeiten knapper Kassen, in: Müller, G./Osterloh, E./Stein, T. (Hrsg.), Festschrift für Günter Hirsch zum 65. Geburtstag, München, S. 413-422

Nationaler Ethikrat, [2006]: Gesundheit für alle – wie lange noch? Rationierung und Gerechtigkeit im Gesundheitswesen, Berlin

Nettesheim, M. [2002]: Rationierung in der Gesundheitsversorgung, in: Verwaltungsarchiv (VerwArch), Jg. 93., S. 315-341

Neumann, D. [2005]: Prioritätensetzung und Rationierung in der gesetzlichen Krankenversicherung, in: Neue Zeitschrift für Sozialrecht (NZS) 2005, Jg. 14, Heft 12, S. 613-623

Noftz, W. (Bd.-Hrsg.) [2011]: § 2 SGB V, in: Hauck, K./Noftz, W. (Hrsg.), Sozialgesetzbuch V: Gesetzliche Krankenversicherung, Loseblattsammlung, Berlin

Osterloh, F. [2010]: IGSF-Studie zur Gesundheitsversorgung bei begrenzten Mitteln: Konzentration auf das Wesentliche, in: DÄBl, Jg. 107, Heft 13, A: 588-589

Rumler-Detzel, P. [1998]: Budgetierung-Rationalisierung-Rationierung, in: Versicherungsrecht (VersR), Jg. 49, Heft 13, S. 546-549

Schöne-Seifert, B./Buyx, A./Ach, J. (Hrsg.) [2006]: Gerecht behandelt? Rationierung und Priorisierung im Gesundheitswesen, Paderborn

Schreiber, H.-L. [1993]: Rechtliche Kriterien der Verteilungsgerechtigkeit im Sozialstaat, in: Nagel, E./Fuchs, C. (Hrsg.), Soziale Gerechtigkeit im Gesundheitswesen, Berlin, S. 302-314

Schulze-Fielitz, H. [2008]: Art. 2 II GG, in: Dreier (Hrsg.), Grundgesetz-Kommentar, Bände I–III (2. Auflage) inkl. Supplementum 2007 und Supplementum 2010, Tübingen

Sodan, H. [2003]: Zur Verfassungsmäßigkeit der Ausgliederung von Leistungsbereichen aus der gesetzlichen Krankenversicherung – Dargestellt am Beispiel der Versorgung mit Zahnersatz, in: Neue Zeitschrift für Sozialrecht (NZS), Jg. 12, Heft 8, S. 393-401

Staak, M./Uhlenbruck, W. [1991]: Die Rechtsbeziehung zwischen Arzt und Patient. Vom Sonderrecht zum Dienstvertrag, in: Schütz, H./Kaatsch, H.-J./Thomsen, H. (Hrsg.), Medizinrecht, Psychopathologie, Rechtsmedizin – Diesseits und jenseits von Recht und Medizin, Festschrift für Günter Schewe, Berlin u. a., S. 142-151

Steffen E. [1995]: Einfluß verminderter Ressourcen und von Finanzierungsgrenzen aus dem Gesundheitsstrukturgesetz auf die Arzthaftung, in: Medizinrecht (MedR), Jg. 13, Heft 5, S. 190

Steffen, E. [2000]: Die Arzthaftung im Spannungsfeld zu den Anspruchsbegrenzungen des Sozialrechts für den Kassenpatienten, in: Brandner, H.E. (Hrsg.), Festschrift für Karlmann Geiß zum 65. Geburtstag, Köln u. a., S. 487-493

Steffen, E./Pauge, B. [2010]: Arzthaftungsrecht, 11. Aufl., München

Stöhr, K.-H. [2010]: Sozialrechtliche Vorgaben zu Wirtschaftlichkeit und Qualitätssicherung Verordnung von Arzneimitteln und zivilrechtliche Haftung bei der Arzneimittelbehandlung, in: Medizinrecht (MedR), Jg. 28, Heft 4, S. 214-217

Taupitz, J. [1998]: Gesundheitsversorgung bei Ressourcenknappheit: Rechtliche Aspekte, in: Nagel, E./Fuchs, C. (Hrsg.), Rationalisierung und Rationierung im deutschen Gesundheitswesen, Stuttgart, S. 86-108

Taupitz, J. [1999]: Ressourcenknappheit in der Medizin: Hilfestellung durch das Grundgesetz? in: Wolter, J./Riedel, E./Taupitz, J. (Hrsg.), Einwirkungen der Grundrechte auf das Zivilrecht, das Öffentliche Recht und das Strafrecht, Heidelberg, S. 113-133

Uhlenbruck, W. [1995]: Rechtliche Grenzen einer Rationierung in der Medizin, in: Medizinrecht (MedR), Jg. 13, Heft 11, S. 427-437

Ulsenheimer, K. [1997]: Ausgreifende Arzthaftpflichtjudikatur und Denfensivmedizin – ein Verhältnis von Ursache und Wirkung, in: Körner, U. (Hrsg.), Berliner Medizinethische Schriften, Beiträge zu Ethik und Recht in der Medizin, Berlin

Voß, B. [1999]: Kostendruck und Ressourcenknappheit im Arzthaftungsrecht, Berlin/Heidelberg

Vosteen, K. [2001]: Rationierung im Gesundheitswesen und Patientenschutz, Frankfurt am Main

Wasem, J./Hessel, F./Neumann, A. [2006]: Der „Heilversuch" aus Sicht der Gesundheitsökonomie, in: G+G Wissenschaft, Jg. 6, Heft 4, S. 15-21

Welti, F. [2009]: Rechtliche Rahmenbedingungen von Priorisierung in der Gesetzlichen Krankenversicherung, in: Zeitschrift für Evidenz, Fortbildung und Qualitätssicherung im Gesundheitswesen (ZEFQ), Jg. 103, S. 104-110

Welti, F. [2010]: Allokation, Rationierung, Priorisierung: Rechtliche Grundlagen, in: Medizinrecht (MedR), Jg. 28, Heft 6, 379-387

Wenner, U. [2009]: Rationierung, Priorisierung, Budgetierung: verfassungsrechtliche Vorgaben für die Begrenzung und Steuerung von Leistungen der Gesundheitsversorgung, in: Gesundheitsrecht (GesR), Jg. 8, Heft 10, S. 169-181

Wilson, E./Rees, J./Fordham, R. [2006]: Developing a prioritization framework in an English Primary Care Trust, in: Cost Effectiveness and Resource Allocation, Band 4, S. 1-9 (http://www.resource-allocation.com/content/pdf/1478-7547-4-3.pdf)

Wohlgemuth, W.A./Freitag, M.H. (Hrsg.) [2009]: Priorisierung in der Medizin – Interdisziplinäre Forschungsansätze, Sammelband der DFG-Forschergruppe FOR655, Berlin

Zentrale Ethikkommission bei der Bundesärztekammer [2000]: Priorisierung medizinischer Leistungen im System der Gesetzlichen Krankenversicherung (GKV): Müssen und können wir uns entscheiden?, in: DÄBl., Jg. 97, Heft 15, A: 1017-1023

Zentrale Ethikkommission bei der Bundesärztekammer [2007]: Priorisierung medizinischer Leistungen im System der Gesetzlichen Krankenversicherung (GKV) – Langfassung, Stand: 19.07.2007 (http://www.zentrale-ethik-kommission.de/downloads/Langfassung Priorisierung.pdf)

Rechtsprechung

BVerfGE 115, 25 = NJW 2006, 891

BVerfG, NJW 1988, 1651, 1653

BVerfGE 115, 25, 32 = NJW ...

BVerfG, NJW 2010, 505

BVerfGE 120, 125, 155 f. = NJW ...

BVerfG, NJW 1972, 1561, 1564 f.

BVerfG, NJW 2001, 1779, 1780

BVerfG, MedR 1997, 318

BGHZ 144, 296, 305 = NJW ...

BGH, VersR 1999, 716, NJW/MedR?

BGH, NJW 1983, 2081

BGH, VersR 1975, 43-44, NJW/MedR?

BGH, NJW 1954, 290

OLG Düsseldorf, MedR 1984, 69

OLG Hamm, NJW 1993, 2387

OLG Köln VersR 1999, 847

OLG Köln, VersR 1993, 52-53

Hans-Ulrich Dallmann*

Priorisierung im Gesundheitswesen – eine ethische Perspektive

1. Notwendige Vorbemerkungen
2. Zur Notwendigkeit der Priorisierung
3. Gerechtigkeitstheoretische Defizite
4. Aktuelle Vorschläge zur Priorisierung
5. Priority of what?
6. Fazit
7. Literatur

* PD Prof. Dr. theol. Hans-Ulrich Dallmann, Fachhochschule Ludwigshafen a. Rh.

1. Notwendige Vorbemerkungen

Die Anordnung der Beiträge der diesjährigen Gesundheitsökonomischen Gespräche folgt einer typischen Choreografie: Zunächst skizzieren ein Mediziner und ein Ökonom das Problem, daraufhin steckt ein Jurist den Rahmen ab, es schließt sich die Frage an „Wie machen es denn die anderen?" und dann kommt zum Schluss ein Ethiker und sagt, wie es richtig ist. Dahinter verbirgt sich eine Rollenzuweisung an die Ethik und ihre Vertreterinnen und Vertreter, die deren Selbstverständnis – zumindest der größten Zahl von ihnen – nicht entspricht. Denn die Ethik hat keine präskriptive Funktion. Ethik ist vielmehr die Reflexion moralischer Kommunikation. In dieser Kommunikation spielen Bewertungen und die Kommunikation von Werturteilen eine Rolle. Ethik hingegen, hier im Sinne der Angewandten Ethik, hat eine deliberative Funktion; sie ventiliert die „Risiken und Nebenwirkungen" bei spezifischen Problemen. Ethik geht es um die kritische Rekonstruktion der Orientierungen, die explizit oder implizit den Entscheidungen, Handlungen oder Normierungen zugrunde liegen. Insofern würde man von der Ethik zu viel verlangen, sollte sie die „richtigen" Lösungen für Probleme präsentieren, die in erster Linie im politischen wie im Gesundheitssystem angesiedelt sind. Man würde allerdings zu wenig von ihr erwarten, wenn sie allein den „Betroffenheitsverstärker" spielen sollte, der das ohnehin schon Gesagte nur noch mit einer besonderen Emphase ausstattet.

Eine weitere Vorbemerkung sei zur Rhetorik der Werte gestattet. Werte werden auch in den Debatten um das Gesundheitssystem beschworen, gefordert oder als fehlend bemängelt. Offenbar wird von Werten viel erwartet. Aber können Werte überhaupt leisten, was ihnen als Aufgabe zugeschrieben wird: klare Prioritäten benennen, in Entscheidungssituationen Präferenzen begründen, insgesamt die fehlende Orientierung ermöglichen? Die Frage ist rhetorisch; selbstverständlich können Werte dies nicht. Das kann in diesem Zusammenhang nur kurz begründet werden (vgl. dazu ausführlicher: Dallmann [2009]).

Es ist dem Wertbegriff anzusehen, dass er aus der ökonomischen Sphäre stammt: alles, was einen Wert besitzt, kann gegen andere Werte berechnet und getauscht werden. Deswegen kann man sagen, dass etwas erst einen

Wert beigemessen bekommt und nicht schon einen Wert hat. Der Wert ist Produkt menschlicher Wertschätzung. Der Sache nach argumentiert schon Immanuel Kant in seiner Unterscheidung, dass Sachen nur ein relativer, Personen jedoch ein absoluter Wert zugesprochen werden müsse (Kant [1785/1786], BA 65), gegen den Wertbegriff. Der Begriff absoluter Wert ist eigentlich ein Widerspruch in sich, weil ihm nichts entsprechen kann, er ist nicht gegen etwas anderes aufzurechnen. Entsprechend kommt dieser absolute Wert, als Zweck in sich selbst, Kant zufolge nur Personen zu. Alle relativen Werte können dann nicht mehr Grundlage der Ethik sein.

Eine fundamentalere Kritik am Wertbegriff stammt aus der Systemtheorie. Dirk Baecker versteht die Eigenart des Werts in seiner inneren Widersprüchlichkeit: „Der Wert macht die Dinge vergleichbar, und er hält die Möglichkeit in der Reserve, das Wertvolle als das Unvergleichbare zu bezeichnen und zu vergleichen. Der Wert des Wertes steckt darin, dem Vergleich Tür und Tor zu öffnen und der Reichweite des Vergleiches [...] nur noch mit eigenen Mitteln Grenzen zu setzen" (Baecker [2004], S. 19). In anderen Worten: Der Wert des Wertes besteht darin, „etwas dem Vergleich aussetzen *und* gleichzeitig dem Vergleich entziehen zu können" (Ebd.). In diesem Sinne versteht Baecker Wert als typisches Beispiel eines Begriffes „zweiter Ordnung", der über keinen Gegenbegriff verfügt und nur sich selbst begrenzt, indem er suggeriert, dass er auf eine externe Qualität referiere, wobei jedoch nichts anderes zu Grunde liege als die Kompensation der Relativierung, die durch den Gebrauch des Wertbegriffes automatisch entsteht. Werte, so ließe sich paraphrasieren, werden gebraucht, um die Kontingenz der Praxis des Bewertens zu kaschieren und diese Praxis gleichzeitig zu ermöglichen. Wären Werte in diesem Sinne eindeutig und in eine allen bekannte Hierarchie eingefügt, käme die Praxis des Vergleichens zum Ende, wie am Ende einer Fußballbundesligasaison die Tabelle feststeht und ein Blick genügt, um den Platz eines Vereins in der Rangordnung zu bestimmen. Eine feste Skala der Werte wäre das Ende des Bewertens, weil es nichts mehr zu bewerten gäbe und jede Auseinandersetzung um den Wert eines Gegenstandes, einer sozialen Praxis, einer Person, selbst eines Werts sinnlos wäre, weil es genügte, einfach auf die „Abschlusstabelle" zu schauen. Oder anders gesagt, Bewertungen sind im Prinzip nie endgültig abschließbar, weil Werte als Grundlage von Bewertungen – anders als bei Messungen – keine unveränderliche, verlässliche und allseits anerkannte Kriterien an die Hand geben. Noch einmal anders gesagt: Der Praxis des Bewertens wird durch die Werte selbst kein Ende gesetzt. Werte sind nicht die Lösung, sondern ein Teil des Problems.

Eine letzte Vorbemerkung: Wenn wir über Priorisierung im Gesundheitssystem sprechen, ist es notwendig zu klären, auf welcher Ebene wir diskutieren. Bekanntlich kann hinsichtlich der Allokation von Gütern zwischen einer Makro-, einer Meso- und einer Mikroebene unterschieden werden. Auf der ersten Ebene geht es um den Anteil von Gütern und Leistungen auf der gesellschaftlichen Ebene, also um die Frage, welcher Anteil der gesellschaftlich zu verteilenden Mittel in das Gesundheitssystem fließt (üblicherweise ermittelt anhand des Anteils am Bruttoinlandsprodukt). Hier gibt es keine gleichsam „natürliche" Quote, diese ist vielmehr das Ergebnis von Aushandlungsprozessen und Verteilungskonflikten. Daher kann es im Folgenden wesentlich nur um die Mesoebene (Verteilung der Mittel innerhalb des Gesundheitssystems) und um die Mikroebene (Verteilung der Mittel an einzelne Patienten oder Patientengruppen) gehen.

2. Zur Notwendigkeit der Priorisierung

Auch wenn es oft genug verschämt verschwiegen wird: Priorisierung bedeutet immer auch Posteriorisierung. Wenn bestimmte Leistungen vorrangig erbracht werden, kommen andere nur nachrangig in Betracht. Dabei ist zunächst offen, nach welchen Kriterien priorisiert wird. Da jeder Entscheidung Priorisierungen implizit oder explizit zugrunde liegen, ist die Frage weniger die, ob priorisiert werden kann oder soll, als vielmehr die Frage, welche Kriterien eine Rolle spielen sollen. Prinzipiell bedeutet Priorisierung nicht automatisch eine Einschränkung von Leistungen. Dies gilt nur beim Einsatz der Priorisierung zur Kostenreduktion. „Wenn Priorisierung mit der primären Motivation erfolgt, bei knapper Ressourcenlage Leistungsbegrenzungen zu begründen, werden Priorisierung und Rationierung fast zu Synonymen, als die sie in der englischsprachigen Literatur tatsächlich oft erscheinen" (Deutscher Ethikrat [2011],

S. 14). Unter dem Vorzeichen der Leistungsbegrenzung ist die Priorisierungsdebatte der erste Schritt hin zur Rationierung.

Grundsätzlich werden in der Fachdiskussion zwei Formen der Priorisierung unterschieden, die vertikale und die horizontale. Bei der vertikalen wird eine Rangfolge von Maßnahmen bei einer bestimmten Indikation festgelegt. In der ärztlichen Praxis ist dies ein alltägliches Vorgehen, wenn überlegt werden muss, welche Maßnahme den größten Nutzen für den Patienten erwarten lässt. Horizontale Priorisierung dagegen bedeutet eine Entscheidung zwischen verschiedenen Gruppen von Erkrankungen oder verschiedenen Gruppen von Patienten. Der Schwerpunkt der Priorisierungsdebatte liegt auf der letzten Form, wenn etwa diskutiert wird, inwieweit bei der Kosten-Nutzen-Bewertung von Medikamenten oder Therapien QALYs (quality adjusted life years) als indikationsübergreifendes Nutzenmaß Verwendung finden sollen oder nicht. Ich werde auf die Debatte um die QALYs im vierten Abschnitt ausführlicher eingehen.

Ethisch umstritten ist bei beiden Formen der Priorisierung die Frage, ob ökonomische Kriterien im Sinne einer Kosten-Nutzen-Abschätzung herangezogen werden dürfen. Bevor wir uns dieser Frage zuwenden, muss zunächst diskutiert werden, ob und inwieweit Alternativen zur Verfügung stehen. Als solche werden die Erhöhung der Einnahmen und die Rationalisierung gesehen.

Die Option der Erhöhung der Einnahmen im Gesundheitssystem – sei es durch eine Erhöhung der Beiträge oder durch Steuerfinanzierung – verweist auf die Grundfrage der Priorisierungsdebatte: Sind die Mittel tatsächlich knapp? Die Knappheit von Gütern ist das Ausgangsproblem der Ökonomie. Wo alle Güter im Überfluss – also jede potenzielle Nachfrage übersteigend – vorhanden sind, besteht weder das Problem der Produktion noch der Distribution. Knappheit ist außerhalb des Schlaraffenlandes immer relativ. Diese Knappheit resultiert im Gesundheitssektor aus zwei Ursachenbündeln. Zum einen ist gesundheitssystemimmanent einerseits zu erwarten, dass in der Folge des medizinischen Fortschritts auch weiterhin neue – und zumeist kostspielige – Diagnose- und Therapieverfahren entwickelt werden, die eine entsprechende Nachfrage nach sich ziehen werden, und dass andererseits aufgrund der demografischen Entwicklung ein höherer Bedarf an medizinischer und pflegerischer Versorgung entstehen wird. Innovationen im Gesundheitswesen haben meist die Form von Produkt- und nicht von Prozessinnovationen; zudem handelt es sich ebenso in der Regel nicht um Ersatz-, sondern um Zusatztechnologien. Zudem weisen Kritiker immer wieder auf den abnehmenden Grenznutzen medizinischer Versorgung hin: „Der (oft geringe) Nutzengewinn durch neue Behandlungsverfahren erfordert häufig überproportional hohe Ausgaben" (Marckmann [2006], S. 187).

Hinsichtlich der demografischen Entwicklung gehen Blinkert und Klie davon aus, dass sich bis zum Jahr 2050 die Zahl der pflegebedürftigen Personen gegenüber dem aktuellen Stand verdoppeln wird (Blinkert/Klie [2008], S. 25). Zudem führt der demografische Wandel dazu, dass – bei gleichbleibendem Finanzierungsmodus – die Quote der beitragsfreien oder -reduzierten Versicherten steigen wird. Hochrechnungen zufolge müsste, um die Krankenversorgung auf dem jetzigen Niveau zu halten, im Jahr 2050 der Beitragssatz der Gesetzlichen Krankenversicherungen auf 43% erhöht werden (Deutscher Ethikrat [2011], S. 9, zu deutlich niedrigeren Zahlen kommt allerdings Erbsland [2008]). Zum anderen steht das Gesundheitswesen in Konkurrenz zur Finanzierung anderer öffentlicher Güter wie Bildung, Verkehr oder anderer Sozialleistungen. Mittel, die dem Gesundheitssystem zufließen, fehlen in anderen Bereichen. Eine Kürzung der Bildungsausgaben würde wahrscheinlich – gleichsam als Kollateralschaden – mittel- bis langfristig dazu führen, dass die Gesundheitsausgaben steigen, weil der Gesundheitszustand – und damit die Nachfrage an Gesundheitsleistungen – mit dem Bildungsstand korreliert. Alles in allem beinhaltet das Finanzierungsproblem gesellschaftliche Konfliktpotenziale, die einer Erhöhung der Mittel im Gesundheitssystem deutliche Grenzen setzen.

Rationalisierung bedeutet in unserem Zusammenhang, Wirtschaftlichkeitsreserven zu nutzen. Es geht darum, Prozesse zweckrational zu optimieren, das heißt, entweder mit gleichbleibenden Mitteln das Ergebnis zu verbessern oder ein definiertes Ergebnis mit dem Einsatz geringerer Mittel zu erreichen. Rationalisierungspotenziale gibt es z.B. hinsichtlich der Schnittstellenproblematik, hierzu gehört die Optimierung von Behandlungs- und Versorgungspfaden (vgl. Wallner [2004], S. 226ff) und die Kooperation zwischen verschiedenen Berufsgruppen (vgl. Sachverständigenrat [2007]). Rationalisierungspotenziale bestehen ebenso im Arzneimittelsektor, wo der Zusatznutzen neuer Medikamente oft fraglich ist. Allerdings zeigt die öffentliche und wissenschaftliche Debatte um die Nutzen- und Kostenbewertung von Medikamenten durch das IQWIG, wie konfliktträchtig und interessengeleitet dieses Thema ist (vgl. Deutscher Ethikrat [2011], S. 19 ff. und das Sondervotum S. 61 f.). Grundsätzlich ist im Arzneimittelbereich von Einsparpotenzialen in erheblichem Umfang auszugehen: Präparate in Deutschland sind 50 bis 100 % teurer als in Nachbarländern (das gilt auch für Generika), die Möglichkeit der Preisfestsetzung bei patentgeschützten Mitteln führt dazu, dass 2,2 % der Verordnungsmenge 26,2 % der Kosten gegenüberstehen (vgl. Glaeske/Schicketanz [2010]).

Neben diesem – im Grunde unstrittigen – Verständnis von Rationalisierung wird die Frage der rationalen Priorisierung auch im Blick auf eine effiziente Mittelverwendung diskutiert. Dies bedeutet z. B., finanzielle und andere Mittel dort einzusetzen, wo sie den größten aggregierten Nutzen erzielen. Das würde für bestimmte Patientengruppen, etwa solchen, die an äußerst seltenen Krankheiten leiden, zu einer Verschlechterung ihrer Situation führen, da der Einsatz von Mitteln bei solchen Krankheiten, von denen Viele – und vielleicht noch viele Zahlungskräftige – betroffen sind, „rationaler" wäre. Aus ethischer Sicht ist Rationalisierung im Sinne einer Steigerung der Effektivität und Effizienz von Maßnahmen so lange nicht nur unproblematisch, sondern sogar geboten, als die Versorgungsqualität damit nicht beeinträchtigt wird. Maßnahmen, die dazu führen, dass Einzelne oder Patientengruppen schlechter versorgt werden, bedürfen einer besonderen Begründung. Ich werde später darauf zurückkommen. Allerdings – und darin ist man sich in der Fachdebatte über alle Konflikte hinweg einig – wird mit Rationalisierung allein die Kostenentwicklung im Gesundheitswesen nicht in den Griff zu bekommen sein.

Die sich abzeichnende Mittelknappheit im Gesundheitssystem erfordert eine Debatte über Maßnahmen, die auf Leistungseinschränkungen hinauslaufen. Allerdings hat die Forderung nach Rationierung und/oder Priorisierung so lange ein „G'schmäckle", als Rationalisierungspotenziale nicht ausgeschöpft und exorbitante Gewinne nicht begrenzt werden. Darüber hinaus müssen rationierende und/oder priorisierende Maßnahmen – und darüber besteht weitgehendes Übereinkommen – gerecht sein. Was in diesem Zusammenhang Gerechtigkeit bedeutet und was aus ihr folgt, ist allerdings umstritten. Deshalb ist es sinnvoll, sich der Debatte gerechtigkeitstheoretisch anzunähern.

3. Gerechtigkeitstheoretische Defizite

In Deutschland hat die Debatte um Gerechtigkeit im Gesundheitswesen erst in den letzten Jahren theoretisches Gewicht erhalten. Sie ist dabei immer noch geprägt durch den Bezug auf die US-amerikanische Diskussion. Diese ist jedoch, wie die erbittert geführte Debatte um die Gesundheitsreform Barack Obamas im letzten Jahr gezeigt hat, durch andere Prämissen bestimmt, als die Diskussion hierzulande. Gleichwohl lohnt der Blick auf die wichtigsten Ansätze, die aktuell diskutiert werden.

3.1 N. Daniels rawlsianischer Ansatz

Gegenwärtig gilt das Buch von John Rawls „Eine Theorie der Gerechtigkeit" (Rawls [1975]) als zentraler Bezugspunkt der sozialphilosophischen Gerechtigkeitsdebatte. Rawls schließt an Theorien des Gesellschaftsvertrages an und versucht, Gerechtigkeit als Fairness zu konzeptionalisieren. Um hierfür Maßstäbe zu erhalten, konstruiert er hypothetisch eine Ursprungssituation (original position), in der alle Beteiligten im Sinne einer Klugheitswahl die Verteilung von Gütern und Chancen regeln. Dabei liegt über den Beteiligten ein Schleier des Unwissens (veil of ignorance), d. h. sie kennen weder ihre Stellung in der Gesellschaft noch andere Faktoren, die Ungleichheit bewirken. Im Blick auf die gesellschaftliche Gerechtigkeit gelten zwei Grundsätze: „Jedermann hat gleiches Recht auf das umfangreichste Gesamtsystem gleicher Grundfreiheiten, das für alle möglich ist" und: „Soziale und wirtschaftliche Ungleichheiten müssen folgendermaßen beschaffen sein: (a) sie müssen unter der Einschränkung des gerechten Spargrundsatzes den am wenigsten Begünstigten den größtmöglichen Vorteil bringen, und (b) sie müssen mit Ämtern und Positionen verbunden sein, die allen gemäß fairer Chancengleichheit offenstehen" (Rawls [1975], S. 336). Gegenstand der Verteilung sind gesellschaftliche Grundgüter (primary goods), „Dinge von denen man annehmen kann, dass sie jeder vernünftige Mensch haben will" (Rawls [1975], S. 83). Als hauptsächlichste nennt Rawls „Rechte, Freiheiten und Chancen sowie Einkommen und Vermögen" (ebd.), später fügt er noch das Gut der „Selbstachtung" hinzu (Rawls [1975], S. 479 ff.). Gesundheit nimmt Rawls als Grundgut explizit aus, da es sich bei ihr um ein „natürliches Gut" handele, das nur mittelbar durch die gesellschaftliche Grundstruktur beeinflusst werde (Rawls [1975], S. 83). Die Grundgüter sind für Rawls relevant für die Realisierung von Lebensplänen (plans of life). Plan meint hier nicht so etwas wie eine Strategie. Ein Lebensplan ist vielmehr der konsistente (das heißt: vernünftige) Zusammenhang von Werturteilen, Zielen und Wünschen, der in einer eher mittel- als langfristigen Perspektive die Vorstellung eines „guten Lebens" umschreibt. „Ist diese Vorstellung von Plänen vernünftig, so ist zu erwarten, dass das Gute im Leben, grob gesprochen, die Tätigkeiten und Beziehungen sind, die einen wichtigen Platz in vernünftigen Plänen haben. Und die Grundgüter müssten sich als das herausstellen, was im allgemeinen für die erfolgreiche Ausführung solcher Pläne nötig ist, wie auch der Plan und seine Endziele im einzelnen aussehen mögen" (Rawls [1975], S. 449).

Diese knappe Rekonstruktion der zentralen Argumentation Rawls' sind notwendig, um den Ansatz von Norman Daniels (Daniels [1985], eine deutschsprachige Kurzfassung findet sich in: Daniels [2003a]) angemessen würdigen zu können, der in der Diskussion um eine gerechte Gesundheitsversorgung eine ähnliche Rolle spielt wie das Werk von Rawls in der Sozialphilosophie. Daniels knüpft an Rawls an und versucht, die Rawlssche Gerechtigkeitstheorie um das Element Gesundheitsversorgung zu erweitern. Daniels argumentiert dabei bedürfnistheoretisch, indem er von „basalen Lebensbedürfnissen" ausgeht, die für eine „arttypische Funktionsfähigkeit" notwendig sind (Daniels [2003a], S. 22). Diese fungiert als Kriterium für die Konzeptionalisierung von Krankheit und Gesundheit, aus der sich ein grundlegender medizinischer Versorgungsbedarf ableiten lässt: „Medizinischer Versorgungsbedarf ist das, was wir benötigen, um – in den Fällen, in denen es möglich ist – das normale arttypische Funktionieren aufrechtzuerhalten, wiederherzustellen oder funktionale Äquivalente dafür zur Verfügung zu stellen" (Daniels [2003a], S. 27).

Der nächste Argumentationsschritt besteht bei Daniels darin, das Verhältnis von Krankheit und Lebenschancen zu bestimmen. Hierbei greift er auf Rawls' Konzept der Lebenspläne zurück: „Das normale Spektrum an Lebenschancen in einer gegebenen Gesellschaft besteht aus der Gesamtmenge an ‚Lebensplänen', die vernünftige Menschen, die in ihr leben, mit einer gewissen Wahrscheinlichkeit für sich selbst erstellen" (ebd.). Bestimmte Krankheiten schränken die Möglichkeit ein, Lebenschancen zu realisieren. Wenn faire Chancengleichheit mit Rawls als zentrales Gerechtigkeitsprinzip angenommen werden kann, dann muss – so Daniels – die Gesundheitsversorgung in die Reihe jener „Hintergrundinstitutionen" aufgenommen werden, „die einen Rahmen von Freiheiten und Möglichkeiten bieten, innerhalb dessen die Individuen ihr fair bemessenes Einkommen verwenden und ihre jeweils eigenen Vorstellungen des Guten verfolgen können" (Daniels [2003a], S. 33). Dann muss allen Mitgliedern der Gesellschaft der Zugang zu diesen Institutionen ermöglicht werden. Daniels geht es weniger um ein Projekt der Optimierung von Lebenschancen als um ein „Prinzip der normalen Möglichkeiten": „In Mangelsituationen sollen diejenigen Patienten Vorrang haben, die aufgrund ihrer Krankheit oder Behinderung am meisten in ihrer Möglichkeit eingeschränkt sind, normale, der Gesellschaft entsprechende Lebenspläne zu realisieren" (Rauprich [2005], S. 31).

Kritiker wenden gegen Daniels' Konzept ein, dass die Bedeutung der Gesundheitsversorgung für die Individuen nicht allein in der Gewährung von Chancengleichheit liegt, sondern ebenso die Verhinderung von Leid und Tod, aber auch die Förderung der Fähigkeit, das Leben zu genießen, umfasst (vgl. Buchanan [2003], S. 109). Gravierender erscheint mir der Einwand, dass Daniels an dieser Stelle zirkulär argumentiert mit der Folge, dass keine Kriterien formuliert werden können, welches Maß an Gesundheitsversorgung vorzusehen ist (vgl. wiederum Buchanan [2003], S. 110). Anders gewendet: Daniels' Ansatz ist nicht gegen Levelling-down-Argumente gefeit.

3.2 Orientierung am „Capability Approach"

In der jüngsten Zeit erfährt der „Capability Approach" (die Begrifflichkeit lässt sich schwer übersetzen, man spricht im Deutschen meist vom Befähigungs- oder Verwirklichungschancen-Ansatz) besonderes Interesse. Er wurde von dem indischen Ökonomen Amartya Sen entwickelt (vgl. jetzt als Standardwerk Sen [2010]) und vor allem von Martha Nussbaum, einer ehemaligen Mitarbeiterin Sens, weitergeführt (vgl. aktuell zum Thema Nussbaum [2010]). Hintergrund ist die Vorstellung, dass der Wohlstand und der Lebensstandard von Menschen nicht allein durch monetäre Parameter ausgedrückt werden kann.

Insbesondere Nussbaum geht davon aus, dass es eine Reihe von Grundbefähigungen gibt, die es Menschen erlauben, selbstbestimmt ein gutes Leben führen zu können. Wem die Verwirklichung von Möglichkeiten, die sich aus diesen Befähigungen ergeben, verwehrt sind, lebt in einem Zustand der Armut und Unterdrückung. Der Staat ist dafür verantwortlich, seinen Bürgerinnen und Bürgern die Chance der Verwirklichung seiner Befähigungen zu ermöglichen. Ob er und sie die Chance jeweils nutzt, ist seine oder ihre Angelegenheit. Niemand kann und darf z. B. dazu gezwungen werden, sich eine seinen oder ihren Fähigkeiten entsprechende schulische Bildung anzueignen. Niemand darf zu seinem Glück gezwungen werden. Allerdings müssen den Menschen die Güter zur Verfügung stehen, die sie zur Verwirklichung ihrer Befähigungen benötigen. Nussbaum formuliert diesbezüglich eine Liste von zehn zentralen menschlichen Fähigkeiten, die vom biologischen Leben bis zur Kontrolle über die soziale Umwelt reichen (Nussbaum [2010], S. 112 ff.).

Es ist evident, dass solche Listen nicht abschließend formuliert werden können und im Einzelnen kulturell variieren. Zudem ist zwischen Grundbedürfnissen und -befähigungen auf der einen Seite und Luxusbedürfnissen und verfeinerten Befähigungen auf der anderen zu unterscheiden. Eine präzise Grenzziehung gestaltet sich schwierig. Was für ein Schulkind in Mitteleuropa eine untere Grenze darstellt, könnte z. B. in Burkina Faso schon an der Grenze des Luxus liegen. Gleichwohl entbindet diese Schwierigkeit nicht davon, entsprechende Mindeststandards zu definieren. Das setzt politische Partizipationsmöglichkeiten und einen freien politischen Diskurs voraus. Deshalb gehören Freiheit und politische Beteiligungsmöglichkeiten zu den unverzichtbaren Grundgütern (vgl. Sen [2010], S. 347 ff.). Auf jeden Fall ermöglicht der Capability Approach, soziale Ungleichheit sehr viel differenzierter aufzuzeigen als an monetären Kennzahlen orientierte Ansätze.

Im Gerechtigkeitsdiskurs im Gesundheitswesen vertritt insbesondere der Theologe Peter Dabrock eine am Capability Approach orientierte Position. Dabei knüpft er an die dort formulierte These an, „dass in einer Gesellschaft ein *decent minimum* an konditionalen Gütern, u. a. Gesundheit, so zur Verfügung gestellt werden muss, dass die für eine eigenverantwortliche Lebensführung (*functioning*) unabdingbar notwendigen Befähigungen (*capabilities*) auch für die am wenigsten von der sozialen Ordnung Begünstigten erreichbar sind"

(Dabrock/Ried [2009], S. 34). Das Ziel aller (Um-)Verteilungsmaßnahmen im Sinne des Capability Approach muss die Ermöglichung von Inklusion sein. Das „decent minimum" in der Gesundheitsversorgung muss daher mehr umfassen als allein die Erhaltung eines physiologischen Minimalniveaus und sich an der „Befähigung zu einer längerfristig integral-leiblichen, eigenverantwortlichen Lebensführung zum Zwecke der Teilnahmemöglichkeit an sozialer Kommunikation" (Dabrock [2005], S. 240) orientieren.

Trotz einer – wie aus den Beiträgen hervorscheint – größeren Nähe zu genetisch-dynamischen Konzepten von Gesundheit und Krankheit (etwa das Konzept der Salutogenese von Antonovsky) setzt Dabrock aus pragmatischen Gründen vorrangig an gängigen bio-medizinischen Konzepten an. Krankheit hat für ihn einen objektiven, einen subjektiven und einen sozialen Aspekt, wobei aus dem genannten Grund der objektive im Vordergrund steht. Inhaltlich leitet er daraus als Priorisierungsregel ab: „Als Erstes sind Krankheiten zu behandeln, bei denen alle drei Aspekte vorkommen, zweitens solche Zustände, bei denen zwei Aspekte auftreten, wovon einer der objektive sein muss, drittens (wegen der prioritären Berücksichtigungsmöglichkeit von Früherkennung, die in der Regel auch ohne symptomatische Beschwerden ab einem gewissen Alter geschlechtsspezifisch statistisch sinnvoll ist) wo nur die Betroffenheit vom objektiven Aspekt erwartet wird, viertens wo der subjektive und der soziale Aspekt vorkommen und fünftens schließlich, wo nur der subjektive oder soziale Aspekt berührt ist" (ebd.). Diese Kriterien sollen – Dabrock zufolge – den am Inklusionsbegriff orientierten Kontrollkriterien der Gesundheitsversorgung Rechnung tragen. Hinzu kommen für ihn formale akteursbezogene Kriterien, die wiederum an den drei Krankheitsdimensionen orientiert sind: die Not, Schwere und Dringlichkeit (objektiv), die Tragbarkeit und Konsumnähe (subjektiv) sowie die medizinische Beeinflussbarkeit und Wirksamkeit (sozial) (Dabrock [2005], S. 241).

Unklar bleibt bei diesen Kriterien, wie diese hinsichtlich des „decent minimum" operationalisiert werden können. Die Tendenz liegt nahe, bei der Bestimmung des zu garantierenden Minimums restriktiv zu verfahren. Heinrichs, der ebenso wie Dabrock aus der Perspektive des „Capability Approachs" argumentiert, kommt zu dem Schluss: „Im Gesundheitswesen gilt es aus allgemeinen Mitteln vornehmlich Grundbefähigungen zu decken, danach gesellschaftlich als wertvoll angesehene Befähigungen, wenn diese in einem unvoreingenommenen demokratischen Prozess als förderungswürdig deklariert wurden. Darüber hinaus gehende Behandlungen sind aus privaten Mitteln zu finanzieren" (Heinrichs [2005], S. 100). Aber nicht nur die Frage, wie das grundlegend medizinisch Notwendige näher zu bestimmen sei, bleibt in der Schwebe, sondern auch die, welchem Personenkreis besondere Beachtung zukommen soll. Zwar geht Dabrock davon aus, dass dies die „worse-off" sein sollten, aber die Entscheidung, ob dies die „Kränkesten" oder die sind, „bei denen mit den aufgewendeten Ressourcen aller Voraussicht nach der geringste Gesamtnutzen erzielt werden kann" (Dabrock/Ried [2009], S. 34), wird in der Schwebe gehalten. Zwar soll die „Inklusionsbefähigung" besonders berücksichtigt werden, aber was das z.B. für sterbende oder psychisch stark beeinträchtigte Menschen bedeutet, bleibt unklar.

3.3 Desiderate aus der Gerechtigkeitsdebatte

Die gerechtigkeitstheoretischen Ansätze, die im Blick auf das Gesundheitswesen prominent diskutiert werden, haben eine Gemeinsamkeit: sie sind verteilungstheoretisch orientiert. Das scheint im Blick auf das Ausgangsproblem zwar nachvollziehbar zu sein, verengt gleichwohl den Blickwinkel. Formen sozialer Ungleichheit und Ungerechtigkeit sind nicht allein ein verteilungstheoretisches Problem. Die amerikanische Philosophin Iris Marion Young beschreibt fünf Formen der Unterdrückung, die ex negativo für die Frage nach Gerechtigkeit von zentraler Bedeutung sind: Ausbeutung, Marginalisierung, Machtlosigkeit, Kulturimperialismus und Gewalt (vgl. in kurzer Übersicht Young [2002]). Alle diese Formen der Unterdrückung lassen sich nicht durch eine Umverteilung von Mitteln beheben, sondern betreffen die Struktur einer Gesellschaft. Anders formuliert geht es um Anerkennungsverhältnisse, die soziale Konflikte strukturieren (vgl. Honneth [1992]). Honneth unterscheidet dabei Anerkennungsweisen (emotionale Zuwendung, kognitive Achtung und soziale Wertschätzung), die unterschiedlichen gesellschaftlichen Sphären zuzurechnen sind und eigene Anerkennungsformen (Primärbeziehungen, Rechtsverhältnisse und Wertgemeinschaft/Solidarität) ausbilden (vgl. Honneth [1992], S. 211). Alle diese Ebenen sind nicht als Verteilungssphären zu verstehen, sondern als Orte der wechselseitigen Anerkennung von Personen. Ungerechtigkeit folgt daher nicht in erster Linie aus der ungerechten Verteilung, sondern aus einer nicht gewährten Anerkennung, die eine ungerechte Verteilung zuallererst legitimiert.

Legt man diese „Grammatik sozialer Konflikte" zugrunde, wird deutlich, warum über Verteilungsfragen im Gesundheitswesen so erbittert gestritten wird. Der Ausschluss von Leistungen bestreitet, dass entsprechende Personen auf diese einen legitimen Anspruch haben. Sofern diese Leistungen aber mit der personalen Integrität in Verbindung stehen, tangiert die Weigerung, Leistungen zu erbringen, die Person als Ganzes und wird als Entzug der Anerkennung interpretiert. Insofern ist das Insistieren aus – notfalls einklagbaren – Rechtsansprüchen nicht als Ausfluss einer „Vollkaskomentalität" zu desavouieren, sondern als Teil der gesellschaftlichen Auseinandersetzung um legitime Anerkennungsansprüche zu interpretieren. Einer Person das medizinisch Notwendige vorzuenthalten, beschädigt dieser Interpretation zufolge nicht allein den Menschen als biologisches Wesen, sondern auch seine Integrität als Person. Diese Dimension des Verteilungsproblems im Gesundheitswesen bleibt unverstanden, solange man dieses Problem ausschließlich als Verteilungsproblem versteht und bearbeitet.

Allerdings ist mit dieser Einsicht noch kein positiver Beitrag zur Formulierung von Grundsätzen einer gerechten Verteilung von Mitteln im Gesundheitswesen erbracht. Allerdings kann aus dem zuvor Erörterten der Schluss gezogen werden, dass alle Regelungen, die die Anerkennung der Person nicht ausreichend berücksichtigen, als äußerst problematisch einzustufen sind. Einfacher ausgedrückt: Es geht um die Einbeziehung der Einzelfallgerechtigkeit, es geht um die Würdigung der Person als Besonderem, welches nicht einem abstrakten Allgemeinen subordiniert werden darf. Damit verbindet sich die Frage, ob sich in unserem Gesundheitssystem Bereiche identifizieren lassen, wo Menschen aus der Grundversorgung ausgeschlossen sind oder wo systematisch Leistungen unter einem gewissen Durchschnitt erbracht werden.

In einer Hinsicht bleibt die Durchsicht durch die wichtigsten gerechtigkeitstheoretischen Ansätze unbefriedigend. Beide Ansätze gehen das Problem von Ungleichheit und Ungerechtigkeit dahingehend an, dass sie Mindeststandards formulieren (darin kann ein Reflex auf die Situation in den USA (bei Daniels) und in den weniger entwickelten Staaten (bei Sen und Nussbaum) gesehen werden. Nun ist in Deutschland die Grundversorgung weitestgehend gedeckt. Ein größeres Maß von Ungleichheit beim Zugang zu Ressourcen der Gesundheitsversorgung wird durch das weit verbreitete egalitäre Grundverständnis – auch wenn dies, nicht nur im Gesundheitsbereich, zunehmend unter Beschuss gerät – als nicht wünschenswert verstanden. Insofern wären Strategien, die auf eine generelle Absenkung von Leistungen für alle abzielten (z.B. eine schmale Grundversorgung für alle mit der Möglichkeit, weitere Leistungen zukaufen zu können), gegenwärtig hierzulande kaum zu rechtfertigen und durchzusetzen. Daher stellt sich die Frage, ob „feinkörnigere" Vorschläge zur Leistungsbegrenzung und/oder Priorisierung vorliegen.

4. Aktuelle Vorschläge zur Priorisierung

Im deutschsprachigen Raum werden zur Zeit vor allem zwei Vorschläge diskutiert, die Kriterien für die Priorisierung im Gesundheitswesen formulieren. Dies sind zum einen die Empfehlungen der Zentralen Ethikkommission bei der Bundesärztekammer (ZEKO) (ZEKO [2007]) und zum anderen die von verschiedener Seite vorgetragene Forderung, sich hinsichtlich der Priorisierung an indikationsübergreifenden Nutzenmaßen wie den QALYs zu orientieren.

4.1 Die Empfehlungen der ZEKO

Zunächst zu den Empfehlungen der ZEKO (eine Zusammenfassung findet sich in Fuchs [2010], S. 26ff.). Diese formuliert formale und inhaltliche Kriterien. Die formalen Kriterien sollen gewährleisten, dass die Setzung von Prioritäten durch ein „faires Verfahren" erfolgt, das zu einer „gerechten Schwerpunktsetzung" führt (ZEKO [2007], S. 21). Die wichtigsten Kriterien sind die Transparenz des Verfahrens, die Bindung an Evidenzbasierung und die Konsistenz der Priorisierungsregeln. Zudem wird gefordert, dass bindende Entscheidungen durch demokratisch legitimierte Institutionen erfolgen, wobei den Bürgerinnen und

Bürgern Partizipationsmöglichkeiten bei dem Entscheidungsprozess gewährt werden (Ebd.). Die „Legitimation durch Verfahren" und die Bindung an demokratisch legitimierte Institutionen ist wohl so zu verstehen, dass die Ärzteschaft Priorisierungsentscheidungen durch den Gemeinsamen Bundesausschuss (G-BA) ablehnt, der nach § 92 Abs. 1 SGB V den Auftrag hat, „Richtlinien für eine ausreichende, zweckmäßige und wirtschaftliche Versorgung der Versicherten" zu beschließen und die Kompetenz besitzt, die Erbringung und Verordnung von Leistungen oder Maßnahmen einzuschränken oder auszuschließen, „wenn nach allgemein anerkanntem Stand der medizinischen Erkenntnisse der diagnostische oder therapeutische Nutzen, die medizinische Notwendigkeit oder die Wirtschaftlichkeit nicht nachgewiesen sind". In der einschlägigen Literatur wird die von der ZEKO geforderte demokratische Legitimation für den G-BA bestritten, der zudem von Partikularinteressen geprägt sei. Statt des G-BA favorisiert die Ärzteschaft die Schaffung einer nationalen „Prioritätenkommission", die „unter Einbindung von Ärzteschaft, Politik und Patientenvertretern" die „Grundwerte für eine Schwerpunktsetzung in der Gesundheitsversorgung definieren und Empfehlungen für die konkrete Umsetzung auf den verschiedenen Ebenen des Gesundheitswesens erarbeiten" soll (ZEKO [2007], S. 27). Wie allerdings die Zusammensetzung dieses Gremium demokratisch legitimiert werden soll, bleibt offen.

Als inhaltliche Kriterien formuliert die ZEKO die medizinische Bedürftigkeit, den erwarteten individuellen Nutzen und die Kosteneffektivität. Das Kriterium der medizinischen Bedürftigkeit wird in einem Stufenmodell konkretisiert (ZEKO [2007], S. 23f.). Vorrangig ist die Orientierung am „Lebensschutz" und am „Schutz vor schwerem Leid". Als zweite Stufe wird der „Schutz vor dem Ausfall oder der Beeinträchtigung wesentlicher Organe und Körperfunktionen" genannt. „Die Relevanz der Schädigungen und Risiken ergibt sich aus ihrer Bedeutung für den ungestörten Vollzug alltäglicher Aktivitäten und für die Teilhabe am gesellschaftlichen Leben" (ebd.). Nachrangig zu beachten sind der „Schutz vor weniger schwerwiegenden oder nur vorübergehenden Beeinträchtigungen des Wohlbefindens" und die „Verbesserung und Stärkung von Körperfunktionen". Nicht zulässig sind Kriterien, die ‚entsprechend Art. 3 GG, Betroffene diskriminieren. Eine „Differenzierung nach Art und Umfang der

Krankenversicherung oder Zahlungsfähigkeit" ist allerdings nur für die ersten beiden Kriterien ausgeschlossen.

Die genannten Kriterien der medizinischen Bedürftigkeit bedürfen der kritischen Rückfrage. Meines Erachtens sind sie sowohl zu unpräzise als auch nicht realitätsgerecht. Sie sind vorrangig an akuten Krankheitsbildern orientiert. Die Realität in den Versorgungseinrichtungen ist jedoch durch Patienten mit chronischen Erkrankungen und durch Multimorbidität geprägt. Wie lassen sich z. B. Maßnahmen der geriatrischen Rehabilitation in diesem Kriterienkatalog verorten? Muskel- und Alltagstraining entsprechen in dieser Systematik am ehesten der Stufe 4, während eine letztlich aussichtslose – und vielleicht vom Patienten nicht einmal gewünschte – Dauerreanimation in der Intensivstation am ehesten der Stufe 1 entspricht. Unscharf ist die Unterscheidung zwischen der Beeinträchtigung wesentlicher Organe und Körperfunktionen und weniger schwerwiegenden oder nur vorübergehenden Beeinträchtigungen. Als Beispiele für das erste nennt die ZEKO den Verlust eines Beines oder des Gehörs und Erblindung. Dagegen ist kaum etwas einzuwenden, aber in der Realität geht es eher um graduelle und schleichende Entwicklungen. Gegen nachlassende Sehkraft gibt es Sehhilfen. Aber wann ist bei einem krankheitsinduzierten Nachlassen der Sehkraft zu intervenieren? Bei den ersten Einschränkungen oder erst wenn die vollständige Erblindung droht? Was sagen diese Kriterien zu orthopädischen Eingriffen etwa zur Hüft- oder Kniegelenkprothetik? Ab wann sind Schmerzen im Knie eine weniger schwerwiegende und wann eine schwerwiegende Beeinträchtigung? Die Liste der Anfragen lässt sich beliebig verlängern. Sie zeigt auf jeden Fall die Problematik einer Priorisierung entlang Krankheitsbildern und -folgen.

Mit dem zweiten Kriterium, dem erwarteten individuellen Nutzen, bindet die ZEKO Priorisierungsentscheidungen an die Ergebnisse der evidenzbasierten medizinischen Forschung. „Wichtigste Kriterien für die Konstatierung eines Versorgungsbedarfs sind die generelle und einzelfallbezogene Wirksamkeit und die Nutzen- und Schadenspotenziale der entsprechenden Leistungen" (ZEKO [2007], S. 24). Die Pointe dieses Kriteriums ist, dass damit indikationenübergreifende Priorisierungen abgelehnt werden. Denn selbst wenn die Forschung nur generelle – und zudem statistische – Aussagen über die Wirksam- und Nützlichkeit bestimmter Interventionen treffen kann, ist der Nutzen für den jeweiligen Betroffenen der Fokus. Die gleichen Nutzenkriterien gelten für Maßnahmen der Rehabilitation und der Prävention. Problematisch an diesem zweiten Kriterium ist, dass die ZEKO den Begriff des „Nutzens" nicht präzisiert. Ist die Steigerung des Wohlbefindens auch ein Indikator für Nutzen? Zudem gibt es in der medizinischen Praxis eine Reihe von Grenzfällen. Wie etwa passt die medikamentöse Therapie gegen Nebenwirkungen – z. B. gegen Übelkeit – einer Chemotherapie in dieses Kriterium? Solange „Nutzen" nicht näher definiert ist, bleibt unklar, welches Nutzenmaß zur Messung dieses Nutzens Verwendung finden soll. Das ist insofern bedauerlich, als Nutzenmaße ethisch nicht neutral sind, sondern bestimmte Patientengruppen bevorzugen und andere benachteiligen.

Dieses Problem wirkt sich auf das dritte Kriterium, Kosteneffektivität, aus, das sich der Sache nach auf QALYs bezieht: „Das Kriterium der Kosteneffektivität soll dazu beitragen, dass mit den begrenzt verfügbaren Ressourcen ein möglichst großer gesundheitlicher Effekt, gemessen am Zugewinn an Lebenszeit und Lebensqualität, erzielt wird. Wenn Maßnahmen mit einem sehr ungünstigen Kosten-Nutzen-Profil unterbleiben, können die freiwerdenden Ressourcen anderen Patienten mit einem größeren zu erwartenden Nutzen zugute kommen. Die Berücksichtigung der Kosteneffektivität medizinischer Maßnahmen kann damit indirekt auch die Verteilungsgerechtigkeit erhöhen. Dies setzt aber voraus, dass nicht nur der Nutzen medizinischer Maßnahmen, sondern auch das Kosten-Nutzen-Verhältnis im Rahmen gesundheitsökonomischer Evaluationen systematisch abgeschätzt wurde" (ZEKO [2007], S. 24f.). Mit diesem Kriterium konterkariert die ZEKO die im zweiten Kriterium geforderte einzelfallbezogene Würdigung. Denn nun erlaubt die Orientierung an Kosten-Nutzen-Analysen, kostengünstige zulasten kostspieliger Therapien zu priorisieren. Mit dem gleichen Argument lässt sich begründen, Patienten die auf die Transplantation zweier Organe (z. B. bei einer Herz- und Lungentransplantation) warten, von der Warteliste zu nehmen, da deren Prognose in der Regel ungünstiger ist und mit den benötigten Organen zwei andere Patienten versorgt werden könnten (vgl. das Sondervotum in Deutscher Ethikrat [2011], S. 75). Dass diese Interpretation des Kriteriums nicht böswillig ist, verdeutlicht die Passage der Empfehlungen, die die Kosten-Nutzen-Analyse analog dem britischen Verfahren nahe legt: „Die ethische Begründungslast für die Durchführung einer medizinischen Maßnahme steigt mit einem zunehmend ungünstigen Kosteneffektivitäts-Verhältnis. Ethische Argumente *für* die Durchführung von Interventionen mit schlechtem Kosteneffektivitäts-Verhältnis können zum Beispiel der Schweregrad der Erkrankung oder die Alternativlosigkeit bei einer gleichzeitig guten Evidenzlage für den zu erwartenden gesundheitlichen Effekt sein" (ZEKO [2007], S. 26). Nur eine gute Evidenzlage legitimiert demzufolge kostspielige, aber alternativlose Interventionen. Wie diese Vorgabe mit einer am Einzelfall orientierten Abschätzung zu verbinden ist, erschließt sich mir nicht.

Insgesamt vermitteln die Empfehlungen der ZEKO ein inkonsistentes Bild. Wie das Verhältnis zwischen medizinischer Bedürftigkeit, erwartetem individuellen Nutzen und Kosteneffektivität realiter bestimmt werden kann, bleibt unklar. Dies wird noch offensichtlicher, wenn man die Kriterien des Nutzens und der Effektivität auf die nachrangigen Stufen der medizinischen Bedürftigkeit bezieht. Insofern ist das ZEKO-Papier eher eine Dokumentation der ethischen und medizinischen Probleme, die mit der Frage nach der Priorisierung verbunden sind, als ein wirklich weiterführender Beitrag zu deren Lösung.

4.2 QALYs

Ein zentraler Aspekt der Priorisierung ist das Kriterium des Nutzens. Dieser wiederum bezieht sich auf die Behandlung von Krankheiten und deren Folgen. Allerdings sind Krankheit und deren Komplement Gesundheit nicht eindeutige, sondern mehrdimensionale Begriffe. Einigkeit darüber, was unter Krankheit und Gesundheit zu verstehen ist, herrscht weder bei Medizinern noch bei Gesundheitswissenschaftlern und auch nicht bei Ethikern (vgl. Dallmann [2005]). Unstrittig dürfte jedoch sein, dass Gesundheit und Krankheit eine somatische, eine psychische und eine soziale Dimension besitzen. Entsprechend kann der Nutzen medizinischer Maßnahmen nicht allein auf der Ebene der Somatik definiert werden, sondern muss die Art und Weise, wie eine Krankheit und ihre Folgen psychisch verarbeitet und sozial wirksam wird, einbeziehen. In den Gesundheitswissenschaften hat sich als Maß für den rein somatischen Nutzen die gewonnene Zahl an Lebensjahren eingebürgert. Komplexer ist die Lage bei der psychischen und sozialen Dimension. Diese werden in der Regel durch das Konstrukt der Lebensqualität erfasst. Für deren Messung sind in den Gesundheitswissenschaften eine Reihe von Instrumenten entwickelt worden (vgl. Wallner [2004], S. 180). Ein Instrument, das beide Dimensionen zusammenfasst, ist das mittlerweile zum Standardmaß der Gesundheitsökonomie gewordene Konzept der QALYs (vgl. hierzu den Beitrag von Erbsland in diesem Band). Allerdings ist das Instrument der QALYs ethisch nicht neutral. Dies soll im Folgenden kurz skizziert werden (ich schließe mich dabei weitgehend der Argumentation in: Deutscher Ethikrat [2011], S. 38ff. an).

QALYs ermöglichen, nicht nur den Nutzen medizinischer Maßnahmen für einen einzelnen Patienten oder eine bestimmte Indikation zu ermitteln, sondern auch indikationenübergreifende Nutzenvergleiche anzustellen. „Bei der übergeordneten Anwendung der Ergebnisse geht es also nicht um die Erreichung der maximalen Zahl von QALYs für einen bestimmten Patienten, sondern – auf das Kollektiv bezogen – um die Optimierung der QALYs entsprechend einem zur Verfügung stehenden Budget" (Deutscher Ethikrat [2011], S. 38). Es handelt sich dabei letztlich um das gute alte utilitaristische Prinzip der Nutzenmaximierung im Sinne eines aggregierten Gesamtnutzens. Die Maximierung der QALYs für eine bestimmte Kohorte ist kompatibel mit der Nichtberücksichtigung des Nutzens einzelner Individuen, wenn die Mittel für deren Behandlung anderweitig mit einem größeren Effekt eingesetzt werden können. Dass aus einer utilitaristischen Perspektive weitaus differenzierter geurteilt werden kann, beweist Dieter Birnbacher, der z. B. davon ausgeht, dass der Begriff der Lebensqualität konsequent subjektivistisch definiert werden muss und dass in ihn auch andere als medizinische Kriterien Eingang finden müssen (Birnbacher [2002], S. 92), und dass das oberste medizinische Ziel in der Leidensminderung liege, was eine Behandlungsbedürftigkeit auch dort begründen könne, „wo eine Symptomatik aus dem Raster der primär biologisch gefassten anerkannten Krankheitsidentitäten herausfällt" (Birnbacher [2002], S. 106). Grundsätzlich bedarf der Utilitarismus einer differenzierteren Rezeption und Kritik als in den meist sehr polemisch geführten Debatten praktiziert.

Die Orientierung an QALYs präferiert einen bestimmten Verteilungsmodus und nicht individuelle Ansprüche auf medizinische Behandlung. Letztlich steht im Hintergrund der Begriff der effizienten Mittelverwendung. Konsequent angewandt – und darin weist Weyma Lübbe in ihrem Sondervotum zur Stellungnahme des Deutschen Ethikrates hin – müssten diesem Prinzip zufolge arbeitende Personen bei der Allokation umso mehr bevorzugt werden, je höher ihr Einkommen ist (Deutscher Ethikrat [2011], S. 64). Lübbe zufolge – und darin stimme ich ihr ausdrücklich zu – dient die medizinische Versorgung nicht einem wie auch immer definierten gesellschaftlichen Nutzen, sondern den konkreten Betroffenen: „Wenn wir uns fragen, warum wir nicht wollen, dass die gesetzlichen Kassen medizinische Maßnahmen in Abhängigkeit vom Einkommen der Versicherten erstatten, ist die nahe liegende Antwort diese: Wir möchten, dass Patienten versorgt werden, weil es gut für ihre Gesundheit ist, nicht, weil ihre Gesundheit gut für die Gesellschaft ist" (Deutscher Ethikrat [2011], S. 67).

Neben dieser grundsätzlichen Problematik indikationenübergreifender Nutzenmaße bestehen methodische Einwände gegen das QALY-Konzept, weil dies bestimmte Ungleichgewichte nicht ausgleichen könne. Der Deutsche Ethikrat fasst die vier wichtigsten Einwände zusammen. Diese liegen in der Missachtung der Relevanz des Schweregrades der Erkrankung, der Diskriminierung bestimmter Patientengruppen wie älterer Menschen oder Menschen mit Behinderungen, in der Benachteiligung von Patienten mit geringer Therapiefähigkeit, der Unterbewertung extremer, aber sehr kurzer Krankheitszustände und der Vernachlässigung des Aspekts der Dringlichkeit einer Behandlung (Deutscher Ethikrat [2011], S. 39 ff.). Konsequent verlangt daher die Stellungnahme eine Orientierung an Ansprüchen und Rechten. Darüber hinausgehend lehnt Lübbe in ihrem Sondervotum die Einbeziehung des Kriteriums der Kosteneffektivität rigoros ab.

In welche andere Richtung die Prioritätsdiskussion gehen könnte und welche Risiken und Nebenwirkungen damit verbunden sind, wird im Folgenden erörtert.

5. Priority of what?

Die meisten Priorisierungsvorschläge, so war bisher zu sehen, orientieren sich an Krankheitsbildern und Behandlungsmöglichkeiten. Dies ist jedoch nicht zwangsläufig so. Zwei Alternativen werden derzeit prominent diskutiert, die einen anderen Fokus legen und für bestimmte Gruppen eine Posteriorisierung oder gar eine Rationierung und in letzter Konsequenz einen Ausschluss aus dem System der solidarischen Gesundheitsfinanzierung fordern: die liberalistische Orientierung an der „Eigenverantwortung" und der Vorschlag, Altersgrenzen festzusetzen.

5.1 Eigenverantwortung

„Gesundheit ist die Pflicht eines jeden Bürgers" titelte die Ausgabe von Welt-Online vom 17. Juli 2010. „Wenn eine eigenständig bestimmte Lebensführung erkennbar mit erhöhten Risiken verbunden ist, ist es unter dem Aspekt der Einheit von Handlungs- und Folgenverantwortung geboten, den Betroffenen zur eigenen Risikovorsorge und Prävention anzuhalten." So schreibt nicht der Gesundheitsminister, sondern die deutschen Bischöfe (Deutsche Bischofskonferenz (Hrsg.) [2003], S. 22). Im gesellschaftlichen Diskurs hat die Rhetorik der Eigenverantwortung Konjunktur. War dies zunächst vor allem auf das Feld der Sozialpolitik bezogen, ist seit einiger Zeit auch die Gesundheitspolitik von diesem Virus befallen.

Der Bezug auf die Eigenverantwortung zielt darauf, entweder bestimmte Risiken auf die Versicherten abzuwälzen oder ein gesundheitsförderliches Verhalten mit Anreizen zu versehen. Wiederum in den Worten der deutschen Bischöfe: „Wer aktiv Gesundheitsvorsorge betreibt, Risiken meidet, sich für kostengünstige Leistungen und Leistungsarten entscheidet oder eigene Vorsorge für absehbare Leistungsfälle trifft, und auf diese Weise das solidarische System entlastet, soll unterstützt und belohnt werden" (Deutsche Bischofskonferenz (Hrsg.) [2003], S. 23). Die Schlussfolgerungen der Bischöfe leiten sich aus dem Subsidiaritätsprinzip der katholischen Soziallehre her, das seinen klassischen Ausdruck in der Enzyklika Quadrigesimo Anno aus dem Jahre 1931 gefunden hat: „Wie dasjenige, was der Einzelmensch aus eigener Initiative und mit seinen eigenen Kräften leisten kann, ihm nicht entzogen und der Gesellschaftstätigkeit zugewiesen werden darf, so verstößt es gegen die Gerechtigkeit, das, was die kleineren und untergeordneten Gemeinwesen leisten und zum guten Ende führen können, für die weitere und übergeordnete Gemeinschaft in Anspruch zu nehmen" (QA 79). Der Sache nach besteht eine gewisse Nähe zu liberalistischen Ansätzen, wenn dies auch von der katholischen Soziallehre bestritten wird.

Im deutschsprachigen Raum wird eine antiegalitaristische und im Kern liberalistische Position prominent von Wolfgang Kersting vertreten (vgl. Kersting [2002]). Mit nicht zu überbietender Deutlichkeit propagiert dieser das Gesundheitsverhalten der Individuen als „selektives Verdienstlichkeitskriterium": „Es ist evident, dass die Rationierungsethik nicht die Selbstindulgenz von Personen belohnen sollte, die die Mittel der Medizin zur Kompensation von Gesundheitsschäden lebensethischer Unverantwortlichkeit benutzen und bequeme Therapien, gelegentliche Korrektureingriffe und fortwährenden Arzneimittelkonsum den Anstrengungen einer Änderung des Lebensstils und des Ernährungsverhaltens vorziehen" (Kersting [2002], S. 71 f.).

Diese Forderungen sind aus meiner Sicht aus fünf Gründen zurückzuweisen. Zunächst (1) ist diese Forderung mittelalterlich. Es ist die Wiederaufnahme der alten Unterscheidung zwischen „würdigen" und „unwürdigen" Armen, mit der eine selektive Hilfeleistung legitimiert wurde. Als würdige Arme wurden vor allem jene klassifiziert, die unverschuldet in ihre Lage gekommen waren. Klassisch werden in den biblischen Texten Witwen, Waisen und Fremde genannt. Diese Personengruppen haben gemeinsam, dass sie keinen Familien- oder Sippenverbänden zugehören, die für ihre Versorgung verantwortlich sind oder dass sich die Verantwortlichen (z.B. Erben) ihrer Verpflichtung entziehen. Deshalb wird die Sorge für diese Gruppen der Allgemeinheit zugewiesen und durch entsprechende Rechte abgesichert. In späteren Zeiten wurden diese Personengruppen durch kranke und alte Menschen erweitert. Unwürdige Arme hingegen waren solche, die als gesund und arbeitsfähig galten. Ihnen wurde Müßiggang vorgeworfen. Deshalb hatten sie ihren Anspruch auf Hilfe verwirkt. Der Diskurs über würdige und unwürdige Arme reicht unter anderer Begrifflichkeit bis in die Gegenwart. Zentraler Vorwurf ist immer noch die Arbeitsunwilligkeit und Faulheit, die z.B. Langzeitarbeitslosen, Hartz-IV-Empfängern oder Asylsuchenden zugeschrieben wird. Meist werden dabei insbesondere von der Boulevard-Presse spektakuläre Einzelfälle präsentiert, die die ganze Gruppe der Betroffenen diskreditieren. Damit wird, ähnlich wie im Mittelalter und zu späteren Zeiten, der Abbau von Sozialleistungen – und hier Gesundheitsleistungen – legitimiert. Die gesellschaftlichen Ursachen der Lebenslage der Betroffenen werden nicht berücksichtigt, stattdessen wird der Grund allein in der jeweiligen Person gesucht.

Zudem (2) besteht ein Abgrenzungsproblem. Was wird von wem als „selbstverursacht" kategorisiert? Die Rhetorik der Eigenverantwortung führt zu einer höchst fragwürdigen moralischen Aufladung aller Elemente der Lebensführung, denn alles menschliche Verhalten und Handeln hat einen mehr oder minder großen Einfluss auf die Erhaltung und Förderung der Gesundheit. Jedes Glas Wein, jedes Stück Torte zuviel, die Bratwurst im Fußballstadion, die durchfeierte Nacht, das Besteigen eines Gletschers oder der Fernsehabend mit Kartoffelchips und Flaschenbier wären dann Anschläge auf die moralische Integrität. Unklar ist darüber hinaus, wie Praktiken einzustufen sind, deren gesundheitsförderliche Wirkung zumindest zweifelhaft ist (der 45-jährige Manager, der plötzlich Triathlon betreibt). Ist der „gute" Herzinfarkt einer, der aus einer übermäßigen Arbeitsbelastung, und der „böse" jener, der durch Rauchen oder Übergewicht resultiert? Schließlich ist die kausale Zuschreibung nicht unproblematisch: Wie soll bestimmt werden, ob eine Krebserkrankung durch gesundheitsschädliches Verhalten „verursacht" worden ist und nicht etwa durch den Kontakt mit karzinogenen Stoffen am Arbeitsplatz oder einer genetischen Disposition oder einer Kombination dieser Gefährdungen? „Über unfallbedingte Gesundheitsstörungen hinaus dürfte es deshalb nur wenige Fälle geben, in denen sich eine kausale Verursachung *eindeutig* nachweisen lässt"(Marckmann [2006b], S. 219). Entsprechend problematisch ist die Forderung nach einem gesundheitsförderlichen Lebensstil. So zitieren Claudine Herzlich und Janine Pierret eine Angestellte, die sich mit Hinweisen zu einer gesunden Lebensführung konfrontiert sieht: „Ich weiß, je nervöser ich bin, desto mehr rauche ich; je frustrierter ich mich fühle, desto mehr trinke ich. Man braucht sich nur auszuruhen, schon raucht und trinkt man weniger, weil man nicht so genervt ist. Also ich finde es total verrückt, den Leuten zu sagen:

‚Rauchen Sie weniger'; man sollte besser sagen: ‚Arbeiten Sie weniger.' Aber das sagt man nie" (Herzlich/Pierret [1991], S. 278). Selbstverständlich gibt es statistisch zu erhebende Wahrscheinlichkeiten. Aber bei der proklamierten Eigenverantwortung geht es ja gerade nicht um – wie immer zu konstruierende – Gruppen, sondern um die Zuschreibung auf den Einzelfall.

Dies führt (3) zum Kontrollproblem. Das wiederum ist nicht mittelalterlich, sondern hat seine Wurzeln im (aufgeklärten) Absolutismus und dessen Konzept einer „Gesundheitspolicey" (die Schreibweise schwankte zwischen „Policey" und „Polizey"; zur Begriffsgeschichte vgl. Knemeyer [1978]). Drei Aspekte standen dabei im Vordergrund: eine große und wachsende Bevölkerung als Zeichen innerer und äußerer Macht, für die der Staat Fürsorgepflichten übernimmt, die Eingliederung des Gesundheitswesens in die staatliche Verwaltung und die Ausrichtung der Ärzte an dieser Aufgabe (vgl. Labisch [1992], S. 87). In Deutschland kulminierte die Entwicklung der medizinischen Policey in Johann Peter Franks „System einer vollständigen medizinischen Polizey", in dem dieser versuchte, das gesamte öffentliche und private Leben unter gesundheitlichen Gesichtspunkten zu regeln. Sein Mannheimer Kollege Franz Anton Mai ging noch einen Schritt weiter, indem er einen Gesetzentwurf vorlegte, alle gesundheitlich relevanten Bereiche in rechtlicher Form zu regeln (vgl. Labisch [1992], S. 88ff.). Wo wären die Grenzen zum gesundheitsschädigenden Verhalten zu ziehen und wer soll das kontrollieren? Soll eine Kommission nicht nur Werte für die maximale Konzentration gesundheitsgefährdender Stoffe am Arbeitsplatz, sondern auch in den eigenen vier Wänden bestimmen? Soll vor jedem Swinger-Club ein Gesundheitspolizist stehen und die Versichertenkarte scannen? Soll es entsprechende unangekündigte Screenings hinsichtlich des Alkohols im Blut oder regelmäßige Urinuntersuchungen geben? Eine umfassende Kontrolle, die für eine kausale Zuschreibung und damit eine „evidenzbasierte" Aberkennung des Versichertenstatus notwendig wäre, ist weder durchsetzbar noch denkbar.

Schließlich (4) hat die Proklamation der Eigenverantwortung eine beachtliche soziale Schieflage. Unstrittig ist, dass viele Erkrankungen durch den Lebensstil (mit)verursacht sind. Allerdings suggeriert die Rede vom Lebensstil, dass dieser das Ergebnis einer autonomen Selbstbestimmung sei. Das jedoch ist nicht der Fall. Lebensstile korrelieren mit der sozialen Schicht oder dem sozialen Milieu, die Anfälligkeit für Suchtkrankheit ist unter Umständen genetisch angelegt. Jedes beliebige Lehrbuch der Sozialmedizin liefert die Belege dafür, dass das Vorliegen „lebensstilbedingter" Belastungen von der sozialen Lage abhängt. Die Forderung nach Eigenverantwortung führt in der Konsequenz nur zu einer weiteren Benachteiligung der ohnehin schon Benachteiligten.

Und letztlich (5) hat das Ganze noch eine ironische Pointe. Ökonomisch ist mit „Eigenverantwortung" wenig zu gewinnen. Bekanntlich sterben irgendwann auch die Menschen, die sich stets gesundheitsadäquat verhalten haben: die Mortalität beträgt letztlich 100 %. Nun entfallen aktuell knapp die Hälfte der Gesundheitskosten auf die über 65-Jährigen, während diese Gruppe nur etwa ein Fünftel der Bevölkerung ausmacht (Nöthen/Böhm [2009], S. 15), für eine Person aus der Altersgruppe der über 85-Jährigen fallen das Zehnfache der Kosten an als für eine Person aus der Gruppe der 30- bis 44-Jährigen (a. a. O., S. 16). Nach der sogenannten Kompressionsthese (vgl. zur Diskussion Beck/ Käser-Meier [2003] und Henke/Reimers [2006], S. 8 f.) entsteht der weitaus größte Teil der im Lebenslauf anfallenden Behandlungskosten – relativ unabhängig davon, in welchem Alter – in den letzten beiden Lebensjahren. Und ob der auf das Rauchen zurückzuführende Herzinfarkt oder das daraus resultierende Lungenkarzinom wirklich teurer sind als die Erkrankungen, die irgendwann mit Sicherheit zum Tode führen, ist umstritten, zumal mit zunehmendem Alter die Kosten für ambulante und stationäre Pflege steigen. Dass früher versterbende Menschen mit ungesunder Lebensweise die Sozialsysteme entlasten, gestehen selbst Verfechter einer weitreichenden Präventionspolitik zu. Erst jüngst hat die OECD berichtet, dass sich die Zahl der Übergewichtigen in der industrialisierten Welt in den letzten dreißig Jahren verdreifacht habe. Diese würden jedoch die Gesundheitssysteme weniger (!) belasten als Normalgewichtige (FAZ Nr. 222 vom 24. 9. 2010, S. 7). Um aus solchen Befunden keine Schlussfolgerungen ziehen zu müssen, weicht man häufig auf andere Argumente aus, so etwa Veatch, der nun auf einmal die ethischen Fragen betont, welche die Sozialpolitik zu berücksichtigen habe (Veatch [1989], S. 344). Jedenfalls steht, wer nutzentheoretisch eine Verpflichtung zu einer gesundheitsförderlichen Lebensweise um der Entlastung der sozialen Sicherungssysteme propagiert, vor der empirischen Begründungslast, nachzuweisen, dass aufs Ganze gesehen dadurch tatsächlich ein Spareffekt auftritt. Diese

Begründung kann nicht dadurch ersetzt werden, dass auf die Kosten von Erkrankungen verwiesen wird. Denn die Frage ist nicht, ob ein Mensch krank wird und einmal sterben wird, sondern die Frage ist, wann im Lebenslauf das sein wird – und welche Kosten dann anfallen.

Von dieser Kritik nicht getroffen sind zunächst die Vorschläge, die stattdessen auf Anreize zum und zur Förderung von gesundheitsförderlichem Verhalten im Sinne einer „Gesundheitsmündigkeit" setzen – wie z.B. die katholischen Bischöfe oder Dabrock (vgl. Dabrock [2009], S. 37f.). Diese Ansätze sind eng verbunden mit Konzepten der Prävention und von Public Health, die wiederum eigene ethische Probleme aufwerfen. Diesen kann an dieser Stelle nicht näher nachgegangen werden (zu ersten Überlegungen einer diesbezüglichen „Kritik der präventiven Vernunft" verweise ich daher auf Dallmann [2005]).

5.2 Altersgrenzen

Die gegenwärtige Debatte um eine Altersbeschränkung beim Einsatz medizinischer Referenzpunkt hat ihren Referenzpunkt in der mittlerweile fast 25 Jahre zurückliegenden Publikation „Setting Limits: Medical Goals in an Aging Society" von Daniel Callahan (Callahan [1987]). Entgegen den oft polemischen Kritiken, die Callahan Altersdiskriminierung vorwarfen, zielt Callahan nicht in erster Linie auf eine „Altersrationierung", sondern auf eine politische Regelung, die allen Bürgerinnen und Bürgern einen Zugang zu einer allgemeinen Gesundheitsversorgung garantiert, die hilft, einen frühzeitigen Tod zu vermeiden, die ein angemessenes Verhältnis zwischen Pflege und Heilung ermöglicht und lebensverlängernde Maßnahmen im hohen Alter begrenzt (Callahan [2003], S. 200). Er argumentiert gegen die Auffassung, dass Alter ein zu bekämpfendes Übel, und für die Einsicht, dass das Alter als sinnvoller Lebensabschnitt zu verstehen sei. „Der wertvolle und notwendige Einsatz gegen die Diskriminierung des Alters, der in seinen Prämissen höchst individualistisch ist, läuft Gefahr, das Alter nicht als einen sinnvollen Lebensabschnitt zu begreifen, sondern es mithilfe der Wissenschaft in eine Art reparaturbedürftigen biologischen Unfall zu verwandeln" (ebd.). Dieser Intention Callahans kann ich, auch aufgrund eigener Erfahrungen, nur zustimmen.

Um die Frage der Grenzziehung für lebensverlängernde Maßnahmen zu beantworten, operiert Callahan mit der Vorstellung einer „natürlichen Lebensspanne" (natural life span). Diese begründet er mit der weit verbreiteten – und wohl kulturell universellen – Ansicht: „Während jeder Tod ein Grund ist zu trauern, stellt ein Tod in hohem Alter nach einem langen und erfüllten Leben angesichts der Unausweichlichkeit des Todes die akzeptabelste Art zu sterben dar" (Callahan [2003], S. 207). Selbst wer den Tod prinzipiell als Skandal der biologischen Verfassung der Menschheit (Elias Canetti) versteht, dürfte dem zustimmen können. Auch wenn es schwer hinnehmbar ist, das Leben ist begrenzt. In vielerlei Hinsicht lässt sich die moderne Medizin als ein Unternehmen verstehen, diese Grenzen zu erweitern. Tatsächlich ist die Grenzziehung auch abhängig vom Stand der medizinischen Entwicklung. Gleiches gilt für die Versorgung von Frühgeborenen mit geringem Geburtsgewicht. Die Frage, die Callahan meines Erachtens zu Recht stellt, ist, ob nicht irgendwann dem Machbaren eine Grenze gesetzt werden sollte. Nicht eindeutig ist allerdings, wie Callahans Diskussionsbeitrag gelesen werden soll. Geht es eher um menschenwürdiges Sterben oder um Kostenreduktion im Gesundheitswesen? Diese Unklarheit zeigt sich in seiner Diskussion über Patientenverfügungen. Er räumt die Möglichkeit ein, dass Patientenverfügungen zu Einspareffekten wegen unterlassener Behandlungen führen können, konstatiert jedoch: „In den letzten Lebenstagen Geld zu sparen, ist etwas anderes, als es in den letzten Lebensjahren zu tun" (Callahan [2003], S. 206). Die Plausibilität der Vorstellung einer „natürlichen Lebensspanne" schwindet aber, wenn mit ihr nicht nur der Verzicht auf lebensverlängernde Maßnahmen begründet werden soll, sondern der Verzicht auf alle teuren medizinischen Maßnahmen. Was hat eine Hüftgelenkprothetik mit der natürlichen Lebensspanne zu tun? Zudem stellt sich das Problem teurer lebensverlängernder Maßnahmen nicht nur bei alt gewordenen Patienten, sondern bei allen, die im Sterben liegen – und das können auch junge Patienten sein. Die Frage des menschenwürdigen Sterbens hängt nicht vom Alter, sondern von der Gestaltung des Sterbeprozesses ab.

Einen ähnlichen Ansatz verfolgt Norman Daniels, der mit dem Konzept der „klugen Lebensplanung" (prudential life-span account) argumentiert (Daniels [1996]). Ziel dieses Ansatzes ist es, die Frage zu beantworten: „how should institutions that distribute important goods over the course of our lives be designed so that individuals in each age group are treated fairly?" (Daniels [1996], S. 267). Die Antwort, die er darauf gibt, leitet sich aus einem an Rawls angelehnten Argument ab: „Eine politische Regelung ist dann fair gegenüber verschiedenen Altersgruppen, wenn kluge Planer, die nicht wissen, wie alt sie sind, sie wählen würden, um auf diese Weise einen fairen Anteil an der lebenslangen Gesundheitsversorgung auf die verschiedenen Abschnitte des Lebens zu verteilen" (Daniels [2003], S. 152). Dies ist nicht so zu verstehen, dass empirische Personen so planen würden oder es überhaupt könnten. Vielmehr handelt es sich um ein Gedankenexperiment, das zeigen soll, dass selbst aus individueller Perspektive die Verteilung von Ressourcen auf frühere Lebensjahre rationaler sei als auf die letzte Lebensspanne. Damit setzt Daniels – implizit egalitaristisch – voraus, dass jedem Individuum nur ein vorab definiertes Quantum an Leistungen legitimerweise zusteht. Jedenfalls zieht er aus den Überlegungen den Schluss, dass aus Klugheitserwägungen ein Gesundheitssystem gerecht sei, das lebensverlängernde Ressourcen nach Alterskriterien rationieren würde (vgl. Daniels [2003], S. 156). Allerdings ist – selbst unter der Prämisse des Gedankenexperiments – die Frage berechtigt, ob diese Annahme nicht illusorisch sei. Denn zum einen ist die Vorstellung, einer die Lebensspanne übergreifenden „Planung" wenig plausibel, zumal zum anderen übersieht Daniels, „dass das Leben von einem zeitlichen Punkt aus gelebt werden muss, in dem der Lebende klug zu sein hat" (Leist [2002], S. 164, Anm. 16).

Kann der Vorschlag, Altersgrenzen zu etablieren, mit seinen auf den ersten Blick nachvollziehbaren Prämissen überzeugen? Kritiker meinen, mit wiederum guten Gründen, dass er dies nicht kann (vgl. Brock [2003] und Leist [2002]). Gründe sind neben der Willkürlichkeit von Grenzziehungen (wieso soll – außer aus Praktikabilitätsgründen – das kalendarische statt des biologischen Alters herangezogen werden?) auch Fragen der Generationengerechtigkeit, also z. B. die Vorstellung eines „Generationenvertrags" als verschobenem Tausch. Zudem übersehen Ansätze, die von einer gleichsam natürlichen Lebensspanne ausgehen, dass deren Länge sich im Verlauf des Lebens in den letzten Generationen nach hinten verschoben hat. Die Länge hängt nicht zuletzt vom Status der medizinischen Versorgung ab, so dass sich in die Argumentation eine zirkuläre Schleife einschleicht. Schließlich ergäbe sich aus einer Altersrationierung unter gegenwärtigen Bedingungen – Ausschluss allein öffentlicher Gesundheitsleistungen – eine weitere soziale Schieflage. Eine Zusatzfinanzierung – sei es durch entsprechende Versicherung oder aus eigenen Mitteln – ist allein für Vermögende möglich. „Altersrationierung würde eine Rückkehr zu den Zeiten bedeuten, als sich der soziale und ökonomische Status direkt auf die Lebensdauer abgebildet hat" (Leist [2002], S. 165).

6. Fazit

Gerade die letzten Erörterungen haben deutlich gemacht, dass der medizinische Fortschritt janusköpfig ist. Die unbestreitbaren Erfolge bringen als Kehrseite die Probleme von Therapiebegrenzung, Sterbehilfe oder Hirntodkriterium auf der einen und bioethische Probleme wie Präimplantationsdiagnostik, verbrauchende Embryonenforschung oder therapeutisches Klonen auf der anderen Seite mit sich. Viele empfinden den medizinischen Fortschritt als Segen und Fluch zugleich. Der Jenaer Soziologe Hartmut Rosa hat in seinem Buch „Beschleunigung. Die Veränderungen der Zeitstrukturen in der Moderne" (Rosa [2005]) plausibel gezeigt, dass Individuen in der Moderne auf den Verlust von Zukunftsperspektiven jenseits der individuellen Lebenszeit mit Strategien reagieren, möglichst viele Optionen im Leben auszuschöpfen. Dem entspricht eine Vorstellung des guten Lebens, die das Leben als „letzte Gelegenheit" begreift und darauf zielt: „die irdische Zeitspanne, die den Subjekten zugemessen ist, so intensiv und umfassend wie möglich zu nutzen, bevor der Tod den endgültigen Schlusspunkt setzt" (Rosa [2005], S. 289). Um dies zu erreichen, gibt es zwei Möglichkeiten: die Erlebnisdichte der Zeit erhöhen (also: „den Jahren mehr Leben geben") und die zur Verfügung stehende Lebenszeit zu verlängern (also: „dem Leben mehr Jahre geben"). Diese Strategien sind aber zum Scheitern verurteilt. Denn hinsichtlich der Erlebnisdichte kommt Rosa auf den durch empirische Studien abgestützten Schluss: „Dieselben Erfindungen, Techniken und Methoden nämlich, welche die beschleunigte Realisierung von Weltmöglichkeiten erlauben und damit die Gesamtsumme der in einem Leben *verwirklichten* Optionen ansteigen lassen, vermehren auch die Zahl und Vielfalt der *verwirklichbaren* Optionen, also die *Weltzeit*, und zwar, wie wir schon gesehen haben, auf nicht selten exponentielle Weise" (Rosa

[2005], S. 293). Damit sinkt aber der „Ausschöpfungsgrad" der Optionen ständig, was die Entwicklung weiterer Beschleunigungstechnologien nach sich zieht. Hinsichtlich der zweiten oben genannten Möglichkeit stehen wir vor den Aporien des medizinischen Fortschritts am Lebensende. Keine Form von gesundheitsförderliche Lebensführung und keine intensivmedizinische Betreuung kann das Sterben verhindern – und ob eine gesundheitsförderliche Lebensführung das Leben tatsächlich verlängert, mag zwar statistisch zutreffen, ist aber für die jeweilige Person kontingent.

Im Blick auf diese Entwicklung bekommt die Medizin den Charakter einer Todesvermeidungsstrategie. Ursula Streckeisen hat in einem Krankenhaus empirisch untersucht, wie unterschiedlich Ärztinnen und Ärzte auf der einen und das Pflegepersonal auf der anderen Seite auf das Sterben im Krankenhaus reagieren (Streckeisen [2008]). Sie identifiziert dabei eine Reihe von Problemen, die das Krankenhaus mit dem Sterben hat – und damit die Sterbenden mit dem Krankenhaus haben. Diese liegen z.B. darin begründet, dass die betrieblichen Ziele des Krankenhauses und die beruflichen der Mediziner keinen Bezug zum Sterben aufweisen, dass die „Notstandskultur" des Krankenhauses die Betreuung Sterbender immens erschwert und dass die Orientierung an „Behandlung" und an „Heilung durch Verwundung" am Lebensende zwar an Relevanz verlieren, aber den „instrumentellen Aktivismus" der Krankenbehandlung nicht verhindern, der dazu führt, auch am Lebensende noch „alles zu versuchen" (vgl. Streckeisen [2008], S. 202f.).

Angesichts dieser Situation ist es verständlich, wenn von verschiedenster Seite eine „Kultur der Endlichkeit" angemahnt wird, die dem Streben, das Sterben als Teil des Lebens zu bekämpfen, Grenzen setzt. Die Diskussion um Patientenverfügungen und die Hospizbewegung zeigen, dass immer mehr Menschen hier ein Unbehagen empfinden. Allerdings sind sowohl das Instrument der Patientenverfügung als auch das Hospiz als Ort des Sterbens ambivalent. Können doch beide so gedeutet werden, dass es bei ihnen darum geht, das eigentlich der eigenen Verfügung Entzogene noch in Kontrolle zu bekommen. Stefan Dreßke konnte in einer Untersuchung zeigen, dass im Hospiz die medizinischen Handlungslogiken fortgesetzt werden, „die darauf basieren, dass Sterben ein unaufhaltsam biologischer Prozess ist, der therapeutisch gesteuert werden muss" (Dreßke [2008], S. 234). Auch das „gute Sterben" ist etwas, das

– medizinisch gesteuert und pflegerisch begleitet – hergestellt wird (vgl. zum Ideal des „guten Sterbens" Steffen-Bürgi [2009]). Zugespitzt könnte man konstatieren, dass auch hier die instrumentelle Vernunft im Vordergrund steht. Der Philosoph und Publizist Andreas Kuhlmann spricht von einer ideologischen Nähe zwischen zwischen Protagonisten der Hospizbewegung und der Sterbehilfe. Die Vorstellung einer „total care" kann ihm zufolge zu neuen Omnipotenzphantasien auf der einen und einer „Idealisierung, ja Idyllisierung des Sterbens" führen, die für die Betroffenen nicht unbedingt menschenfreundliche Folgen nach sich zieht (Kuhlmann [2001], S. 26f.). Dies spricht natürlich nicht pauschal gegen die Hospizarbeit und gegen Patientenverfügungen, zeigt jedoch, wie verflochten beide mit dem neuzeitlichen Kontrollbedürfnis und dem Produktionsparadigma sind. Dies könnte ein sanfter Hinweis dafür sein, dass die „Kultur der Endlichkeit" nichts ist, was mit einem bisschen guten Willen schon gesellschaftlich durchgesetzt werden könnte.

Ein weiterer Punkt, auf den wir im Verlauf der Argumentation immer wieder gestoßen sind, ist die Frage nach der sozialen Gerechtigkeit. Viele diskutierte Maßnahmen laufen Gefahr, eine ohnehin schon bestehende soziale Schieflage zu verstärken. Was es immer auch sonst ist, das Gesundheitssystem ist ein Teil der sozialen (!) Sicherungssysteme in unserer Gesellschaft. Deswegen kann in ihm Leistungsgerechtigkeit nicht an erster Stelle stehen. Welche Maßnahmen zur Kostenreduktion schließlich eingeführt werden, sie sind in jedem Fall daran zu messen, ob sie sozial ausgewogen sind und damit Mindeststandards der sozialen Gerechtigkeit entsprechen.

Ob die demografische Entwicklung tatsächlich einen immensen zusätzlichen Bedarf an – im engeren Sinne – medizinischer Versorgung mit sich bringen wird, mag dahingestellt bleiben. Sicher ist, dass Bedarfe an pflegerischen Leistungen in großem Umfang entstehen werden. Es ist unklar, wie diese in Zukunft finanziert und von wem sie erbracht werden sollen. In den letzten Jahren sind in den Krankenhäusern massiv Pflegekapazitäten abgebaut worden (vgl. Simon [2009]). Die Situation stellt sich derzeit so dar, dass dies schon jetzt Folgen für die Patientensicherheit nach sich zieht (vgl. Isfort/Weidner/Neuhaus/Brühe/Kraus/Köster/Gehlen [2011]). Modellrechnungen zeigen, dass sich bis zum Jahr 2030 die Zahl der Pflegekräfte nahezu verdoppeln müsste, um den Bedarf adäquat zu befriedigen (vgl. Pohl [2011]). Ohne die Situation dramatisieren zu wollen, zeigen sich hier Probleme, deren Bearbeitung gegenwärtig von der Gesundheitspolitik noch vor sich her geschoben wird. Angesichts dieser Entwicklung stellt sich die Frage, ob die Priorisierung von Leistungen nicht in erster Linie sektoral vorgenommen werden müsste. Ist es nicht sinnvoll, den Bereich der Pflege auf Kosten medizinischer Behandlung zu stärken? Könnte dies nicht auch die Bevorzugung palliativer vor kurativer Therapieziele beinhalten? Eine gesundheitspolitische Debatte um diese Fragen steht noch aus, müsste jedoch dringend initiiert werden, um rechtzeitig entsprechende Steuerungsmechanismen implementieren zu können.

Diese knappen Anmerkungen mögen als Ertrag einer ethischen Reflexion eher dürftig erscheinen. Mehr war allerdings nicht zu erwarten. Ethik kann keine politischen Entscheidungen ersetzen. Es spricht angesichts der aufgezeigten Probleme aller Vorschläge einiges dagegen, dass „große Lösungen" alle Schwierigkeiten mit einem Schlag zum Verschwinden bringen. Bei allem Unbehagen, die die Einsicht in die Grenzen der Mach- und der Umsetzbarkeit mit sich bringt, werden kleine Schritte zu gehen sein, die behutsam die Fragen z. B. nach Obergrenzen für Produktpreise, nach Einführung von Nutzenmaßen für bestimmte Interventionen, nach dem Verzicht auf lebensverlängernde Maßnahmen bei bestimmten Indikationen und nach dem Durchforsten der Leistungskataloge der Gesetzlichen Krankenversicherung abarbeiten. Jede einzelne Maßnahme wird – das ist jetzt schon abzusehen – umstritten und jede dieser Maßnahmen wird nach ihren Risiken und Nebenwirkungen zu analysieren sein. Die Ethik kann dabei unterstützen, diese Auseinandersetzungen rational und ohne gegenseitige Diffamierung zu führen.

7. Literatur

Baecker, D. [2004]: Worin besteht der Wert des Wertes?, in: ders.: Wozu Soziologie? Berlin, S. 17-28

Beck, K./Käser-Meier, U. [2003]: Die Krankheitskosten im Todesfall – Eine deskriptiv statistische Analyse, in: Managed Care, Schweizer Zeitschrift für Managed Care, Public Health, Gesundheits- und Sozialökonomie 7/2003, Heft 2, S. 24-26

Birnbacher, D. [2002]: Allokation und Rationierung im Gesundheitswesen. Eine utilitaristische Perspektive, in: Gutmann, T./Schmidt, V. H. (Hrsg.): Rationierung und Allokation im Gesundheitswesen, Weilerswist, S. 91-109

Blinkert, B./Klie, T. [2008]: Soziale Ungleichheit und Pflege, in: Aus Politik und Zeitgeschichte 12-13/2008, S. 25-33

Brock, D. W. [2003]: Ethik und Altersrationierung in der Medizin: ein konsequentialistischer Standpunkt, in: Marckmann, G. (Hrsg.): Gesundheitsversorgung im Alter. Zwischen ethischer Verpflichtung und ökonomischem Zwang, Stuttgart, S. 89-115

Buchanan, A. [2003]: Das Recht auf ein annehmbares Minimum an Gesundheitsversorgung, in: Marckmann, G./Liening, P./Wiesing, U. (Hrsg.): Gerechte Gesundheitsversorgung. Ethische Grundpositionen zur Mittelverteilung im Gesundheitswesen, Stuttgart, S. 100-122

Callahan, D. [1987]: Setting Limits: Medical Goals in an Aging Society, New York

Callahan, D. [2003]: Grenzen setzen: eine Antwort auf meine Kritiker, in: Marckmann, G./Liening, P./Wiesing, U. (Hrsg.): Gerechte Gesundheitsversorgung. Ethische Grundpositionen zur Mittelverteilung im Gesundheitswesen, Stuttgart, S. 199-212

Dabrock, P. [2005]: Befähigungsgerechtigkeit als Kriterium zur Beurteilung von Grundversorgungsmodellen im Gesundheitswesen. Anmerkungen und Alternativen zu einem Vorschlag Stefan Husters, in: Rauprich, O./Marckmann, G./Vollmann, J. (Hrsg.): Gleichheit und Gerechtigkeit in der modernen Medizin, Paderborn, S. 213-245

Dabrock, P./Ried, J. [2009]: Befähigungsgerechtigkeit als theologisch-sozialethisches Leitkriterium für die Priorisierung knapper Ressourcen im Gesundheitswesen, in: Zeitschrift für medizinische Ethik 55/2009, S. 29-44

Dallmann, H.-U. [2005]: Das Recht auf Krankheit. Ein Beitrag zur Kritik der präventiven Vernunft, in: Nord, I./Volz, F. R. (Hrsg.): An den Rändern. Theologische Lernprozesse mit Yorick Spiegel, Festschrift zum 70. Geburtstag, Münster, S. 231-256

Dallmann, H.-U. [2009]: Reaktionen der Pflege auf den biomedizinischen Fortschritt. Die Funktion der Rede von Ganzheitlichkeit für die Positionierung der Pflege, in: Dungs, S./Gerber, U./Mührel, E. (Hrsg.): Biotechnologie im Kontext der Sozial- und Gesundheitsberufe. Professionelle Praxen – Disziplinäre Nachbarschaften – Gesellschaftliche Leitbilder, Frankfurt, S. 233-252

Daniels, N. [1985]: Just Health Care, Cambridge

Daniels, N. [1996]: The prudential life-span account of justice over generations, in: ders.: Justice and Justification. Reflective Equilibrium in Theory and Practice, Cambridge, S. 257-283

Daniels, N. [2003a]: Bedarf an medizinischer Versorgung und Verteilungsgerechtigkeit, in: Marckmann, G./Liening, P./Wiesing, U. (Hrsg.) [2003]: Gerechte Gesundheitsversorgung. Ethische Grundpositionen zur Mittelverteilung im Gesundheitswesen, Stuttgart, S. 15-47

Daniels, N. [2003b]: Das Argument der Altersrationierung im Ansatz der klugen Lebensplanung, in: Marckmann, G. (Hrsg.): Gesundheitsversorgung im Alter. Zwischen ethischer Verpflichtung und ökonomischem Zwang, Stuttgart, S. 151-168

Deutsche Bischofskonferenz (Hrsg.) [2003]: Solidarität braucht Eigenverantwortung. Orientierungen für ein zukunftsfähiges Gesundheitssystem. Kommission für gesellschaftliche und soziale Fragen, Kommission für caritative Fragen 27 (www.dbk.de/fileadmin/redaktion/veroeffentlichungen/ kommissionen /Ko_27.pdf, Zugriff 21. 2. 2011)

Deutscher Ethikrat [2011]: Nutzen und Kosten im Gesundheitswesen – Zur normativen Funktion ihrer Bewertung" vom 27. Januar 2011, (www.ethikrat.org/dateien/pdf/stellungnahme-nutzen-und-kosten-im-gesundheitswesen.pdf, Zugriff 21. 2. 2011)

Dreßke, S. [2008]: Die Herstellung des „guten Sterbens". Arbeit an der Identitätssicherung im Hospiz, in: Saake, I./Vogd, W. (Hrsg.): Moderne Mythen der Medizin. Studien zur organisierten Krankenbehandlung, Wiesbaden, S. 215-235

Erbsland, M. [2008]: Alternde Bevölkerung und ökonomische Konsequenzen für das Gesundheitswesen, in: Häusler, E. (Hrsg.): Entwicklungslinien im Gesundheitswesen. Demographie und Integrierte Versorgung, Sternenfels, S. 13-53

Fuchs, C. [2010]: Priorisierung aus Sicht der Medizin – Positionsbestimmung der Ärzteschaft zum Thema, in: Lohmann, H./Preusker, U. (Hrsg.): Priorisierung statt Rationierung. Zukunftssicherung für das Gesundheitssystem, Heidelberg, S. 15-32

Glaeske, G./Schicktanz, C. [2010]: BARMER GEK Arzneimittelreport 2010, (http://www.barmer-gek.de/barmer/web/Portale/Presseportal/Subportal/Infothek/Studien-und-Reports/Arzneimittelreport-2010/Arzneimittel-Report-lang,property=Data.pdf, Zugriff 21. 2. 2011)

Heinrichs, J. H. [2005]: Grundbefähigungsgleichheit im Gesundheitswesen, in: Ethik in der Medizin 17/2005, S. 90-102

Henke, K. D./Reimers, L. [2006]: Zum Einfluss von Demographie und medizinisch-technischem Fortschritt auf die Gesundheitsausgaben, ZiG-Print 2006-01, (http://www.zig.tu-berlin.de/uploads/media/2006-01.pdf, Zugriff 21. 2. 2011)

Herzlich, C./Pierret, J. [1991]: Kranke gestern, Kranke heute. Die Gesellschaft und das Leiden, München

Honneth, A. [1992]: Kampf um Anerkennung. Zur moralischen Grammatik sozialer Konflikte, Frankfurt

Isfort, M./Weidner, F./Neuhaus, A./Brühe, R./Kraus, S./Köster, V./Gehlen, D. [2011]: Zur Situation des Pflegepersonals in deutschen Krankenhäusern – Ergebnisse des Pflege-Thermometers 2009, in: Pflege und Gesellschaft 16/2011, S. 5-19

Kant, I. [1785/1786]: Grundlegung zur Metaphysik der Sitten, Werkausgabe von Wilhelm Weischedel, Band VII, Frankfurt 1968

Kersting, W. [2002]: Egalitäre Grundversorgung und Rationierungsethik. Überlegungen zu den Problemen und Prinzipien einer gerechten Gesundheitsversorgung, in: Gutmann, T./Schmidt, V. H. (Hrsg.): Rationierung und Allokation im Gesundheitswesen, Weilerswist, S. 41-89

Knemeyer, F.-L. [1978]: Art. Polizei, in: Geschichtliche Grundbegriffe. Historisches Lexikon zur politisch-sozialen Sprache in Deutschland, hrsg. von Brunner, O./Conze, W./Koselleck, R., Band 4, Stuttgart, S. 875-897

Kuhlmann, A. [2001]: Politik des Lebens – Politik des Sterbens. Biomedizin in der liberalen Demokratie, Berlin

Labisch, A. [1992]: Homo Hygienicus. Gesundheit und Medizin in der Neuzeit, Frankfurt, New York

Leist, A. [2002]: Gleichheit in Grenzen statt Altersrationierung, in: Gutmann, T./Schmidt, V. H. (Hrsg.): Rationierung und Allokation im Gesundheitswesen, Weilerswist, S. 155-177

Marckmann, G. (Hrsg.) [2003]: Gesundheitsversorgung im Alter. Zwischen ethischer Verpflichtung und ökonomischem Zwang, Stuttgart

Marckmann, G. [2006 a]: Verteilungsgerechtigkeit in der Gesundheitsversorgung, in: Schulz, S./Steigleder, K./Fangerau, H./Paul, N. W. (Hrsg.): Geschichte, Theorie und Ethik der Medizin. Eine Einführung, Frankfurt, S. 183-208

Marckmann, G. [2006 b]: Public Health und Ethik, in: Schulz, S./Steigleder, K./Fangerau, H./Paul, N. W. (Hrsg.): Geschichte, Theorie und Ethik der Medizin. Eine Einführung, Frankfurt, S. 209-223

Marckmann, G. [2008]: Gesundheit und Gerechtigkeit, in: Bundesgesundheitsblatt – Gesundheitsforschung – Gesundheitsschutz 51/2008, S. 887-894

Marckmann, G./Liening, P./Wiesing, U. (Hrsg.) [2003]: Gerechte Gesundheitsversorgung. Ethische Grundpositionen zur Mittelverteilung im Gesundheitswesen, Stuttgart

Nöthen, M./Böhm, K. [2009]: Krankheitskosten, Gesundheitsberichterstattung des Bundes Heft 48, Robert Koch-Institut, Berlin

Nussbaum, M. C. [2010]: Die Grenzen der Gerechtigkeit. Behinderung, Nationalität und Spezieszugehörigkeit, Berlin

Pohl, C. [2011]: Demografischer Wandel und der Arbeitsmarkt für Pflege in Deutschland: Modellrechnungen bis zum Jahr 2030, in: Pflege und Gesellschaft 16/2011, S. 36-52

Rauprich, O. [2005]: Gleichheit und Vorrangigkeit in der Gesundheitsversorgung – Eine Prüfung der neuen Egalitarismuskritik, in: ders./Marckmann, G./Vollmann, J. (Hrsg.): Gleichheit und Gerechtigkeit in der modernen Medizin, Paderborn, S. 13-36

Rawls, J. [1975]: Eine Theorie der Gerechtigkeit, Frankfurt

Rosa, H. [2005]: Beschleunigung. Die Veränderung der Zeitstrukturen in der Moderne, Frankfurt

Sachverständigenrat zur Begutachtung der Entwicklungen im Gesundheitswesen [2007]: Kooperation und Verantwortung. Voraussetzung einer zielorientierten Gesundheitsversorgung (Kurzfassung) (http://www.svr-gesundheit.de/Gutachten/Gutacht07/Kurzfassung%202007.pdf, Zugriff 21. 2. 2011)

Schmidt, B. [2008]: Eigenverantwortung haben immer die anderen. Der Verantwortungsdiskurs im Gesundheitswesen, Bern

Sen, A. [2010]: Die Idee der Gerechtigkeit, München

Simon, M. [2009]: Personalabbau im Pflegedienst der Krankenhäuser: Hintergründe, Ursachen, Perspektiven, in: Pflege und Gesellschaft 14/2009, S. 101-123

Steffen-Bürgi, B. [2009]: Ein „Gutes Sterben" und ein „Guter Tod": zum Verständnis des Sterbeideals und seiner Bedeutung für Hospiz und Palliative Care, in: Pflege 22/2009, S. 371-378

Streckeisen, U. [2008]: Legitime und illegitime Schmerzen. Ärztliche und pflegerische Strategien im Umgang mit invasiven Maßnahmen bei Sterbenden, in: Saake, I./Vogd, W. (Hrsg.): Moderne Mythen der Medizin. Studien zur organisierten Krankenbehandlung, Wiesbaden, S. 191-213

Veatch, R. M. [1989]: Lebensstil, Gesundheitsrisiko und Solidarität, in: Sass, H.-M. (Hrsg.): Medizin und Ethik, Stuttgart, S. 328-347

Wallner, J. [2004]: Ethik im Gesundheitssystem. Eine Einführung, Wien

Young, I. M. [2002]: Fünf Formen der Unterdrückung, in: Horn, C./Scarano, N. (Hrsg.): Philosophie der Gerechtigkeit. Texte von der Antike bis zur Gegenwart, Frankfurt, S. 428-445

Zentrale Kommission zur Wahrung ethischer Grundsätze in der Medizin und ihren Grenzgebieten (Zentrale Ethikkommission) bei der Bundesärztekammer [2007]: Priorisierung medizinischer Leistungen im System der Gesetzlichen Krankenversicherungen (GKV) (http://www.zentrale-ethikkommission.de/downloads/LangfassungPriorisierung.pdf, Zugriff 21. 2. 2011)

Autoren/Herausgeber

Autoren

PD Prof. Dr. theol. Hans-Ulrich Dallmann

Professor für Ethik am Fachbereich Sozial- und Gesundheitswesen der Fachhochschule Ludwigshafen am Rhein und Mitglied im Kuratorium des IQWiG.

Günter Danner, MA, PhD

stellvertretender Direktor der Europavertretung der Deutschen Sozialversicherung, Brüssel und Persönlicher Referent des Vorstands der Techniker Krankenkasse, Hamburg.

Prof. Dr. rer.pol. Manfred Erbsland

Professor für Gesundheitsökonomie und Gesundheitspolitik am Fachbereich Management, Controlling, HealthCare der Fachhochschule Ludwigshafen am Rhein.

Prof. Dr. med. Christoph Fuchs

Hauptgeschäftsführer der Bundesärztekammer, Berlin.

Prof. Dr. jur. Christian Katzenmeier

Direktor des Instituts für Medizinrecht der Universität zu Köln.

Herausgeber

Prof. Dr. rer.pol. Manfred Erbsland

seit Februar 2003 Professor für Gesundheitsökonomie und Gesundheitspolitik am Fachbereich Management, Controlling, HealthCare der Fachhochschule Ludwigshafen am Rhein. Zuvor war er über 4 Jahre lang Professor für Volkswirtschaftslehre, Gesundheitsökonomie und Ökonometrie an der Fachhochschule Neubrandenburg. Die Forschungsschwerpunkte von Herrn Erbsland sind: Demografische Entwicklung und die Auswirkungen auf die sozialen Sicherungssysteme, Gesundheitsökonomie sowie angewandte Ökonometrie und Statistik.

Prof. Dr. rer.pol. Eveline Häusler

seit 2001 Professorin für Management und Controlling im Gesundheitsbereich am Fachbereich Management, Controlling, HealthCare der Fachhochschule Ludwigshafen am Rhein. Zuvor leitende Funktionen in Krankenhaus und Landeskrankenhausgesellschaft. Als Initiatorin und wissenschaftliche Leiterin der Gesundheitsökonomischen Gespräche an der Fachhochschule Ludwigshafen am Rhein will sie den Austausch zwischen Gesundheitswesenpraxis und Hochschule fördern. Die auf den Gesundheitssektor ausgerichteten Forschungsschwerpunkte von Frau Häusler sind Finanzierung und Unternehmenssteuerung.

Printed by Libri Plureos GmbH
in Hamburg, Germany